westermann

Jeannette Getrost

Herausgeber: Wassilios E. Fthenakis

AF537603

Ein Musikkoffer voller Ideen

Musikalische Praxisideen für den Alltag in der Kindertagesstätte

1. Auflage

Bestellnummer 12753

Die in diesem Produkt gemachten Angaben zu Unternehmen (Namen, Internet- und E-Mail-Adressen, Handelsregistereintragungen, Bankverbindungen, Steuer-, Telefon- und Faxnummern und alle weiteren Angaben) sind i. d. R. fiktiv, d. h., sie stehen in keinem Zusammenhang mit einem real existierenden Unternehmen in der dargestellten oder einer ähnlichen Form. Dies gilt auch für alle Kunden, Lieferanten und sonstigen Geschäftspartner der Unternehmen wie z. B. Kreditinstitute, Versicherungsunternehmen und andere Dienstleistungsunternehmen. Ausschließlich zum Zwecke der Authentizität werden die Namen real existierender Unternehmen und z. B. im Fall von Kreditinstituten auch deren IBANs und BICs verwendet.

Die in diesem Werk aufgeführten Internetadressen sind auf dem Stand zum Zeitpunkt der Drucklegung. Die ständige Aktualität der Adressen kann vonseiten des Verlages nicht gewährleistet werden. Darüber hinaus übernimmt der Verlag keine Verantwortung für die Inhalte dieser Seiten.

service@westermann.de
www.westermann.de

Bildungsverlag EINS GmbH
Ettore-Bugatti-Straße 6–14, 51149 Köln

ISBN 978-3-427-**12753**-6

westermann GRUPPE

© Copyright 2021: Bildungsverlag EINS GmbH, Köln

Das Werk und seine Teile sind urheberrechtlich geschützt. Jede Nutzung in anderen als den gesetzlich zugelassenen Fällen bedarf der vorherigen schriftlichen Einwilligung des Verlages.

VORWORT

In Ihren Händen halten Sie ein Buch, das Sie auf eine musikalische Reise einlädt. Ihr Gepäck ist ein gefüllter Koffer mit Praxisideen, der Sie in Ihrer pädagogischen Arbeit unterstützen und inspirieren soll.

Wann immer Sie und Ihre Kinder Zeit und Lust haben, öffnen sie den Musikkoffer und greifen Sie eine Idee heraus. Verstehen Sie die Beispiele als Anregungen, die Sie übernehmen, aber auch nach Lust und Laune verändern und an die Bedürfnisse und Wünsche der Kinder anpassen können.

In den vielen Jahren meiner Tätigkeiten als Musikpädagogin und Dozentin für werdende und tätige pädagogische Fachkräfte hat sich eine Fülle von Ideen ergeben.

Alle Lieder und Geschichten sind in Zusammenarbeit mit meinem Mann Klaus Getrost entstanden. Er hauchte ihnen mit klar strukturierten und eingängigen musikalischen Arrangements Leben ein.

Das Buch bietet zu kindgerechten Themengebieten musikalische Ideen für Kinder vom Krippen- bis ins Schulalter.

Von Bewegungs- zu Instrumentalspielen bis hin zu Massagen werden die Themen mit Spielideen aufbereitet.

Das Buch ist in drei Teile gegliedert: Teil A gibt einen Überblick über den Hintergrund der musikalischen Schwerpunkte.

Das Herzstück bietet Teil B. Der Koffer wird geöffnet und die Ideen entpackt. Im Gepäck sind vier große musikalische Themenpakete:

- Begrüßung und Warm-up,
- Tiergeschichten,
- Ideen durch die Jahreszeiten und
- Tanzgeschichten.

Die praxiserprobten altersgerechten Spielideen werden übersichtlich und ausführlich beschrieben.

VORWORT

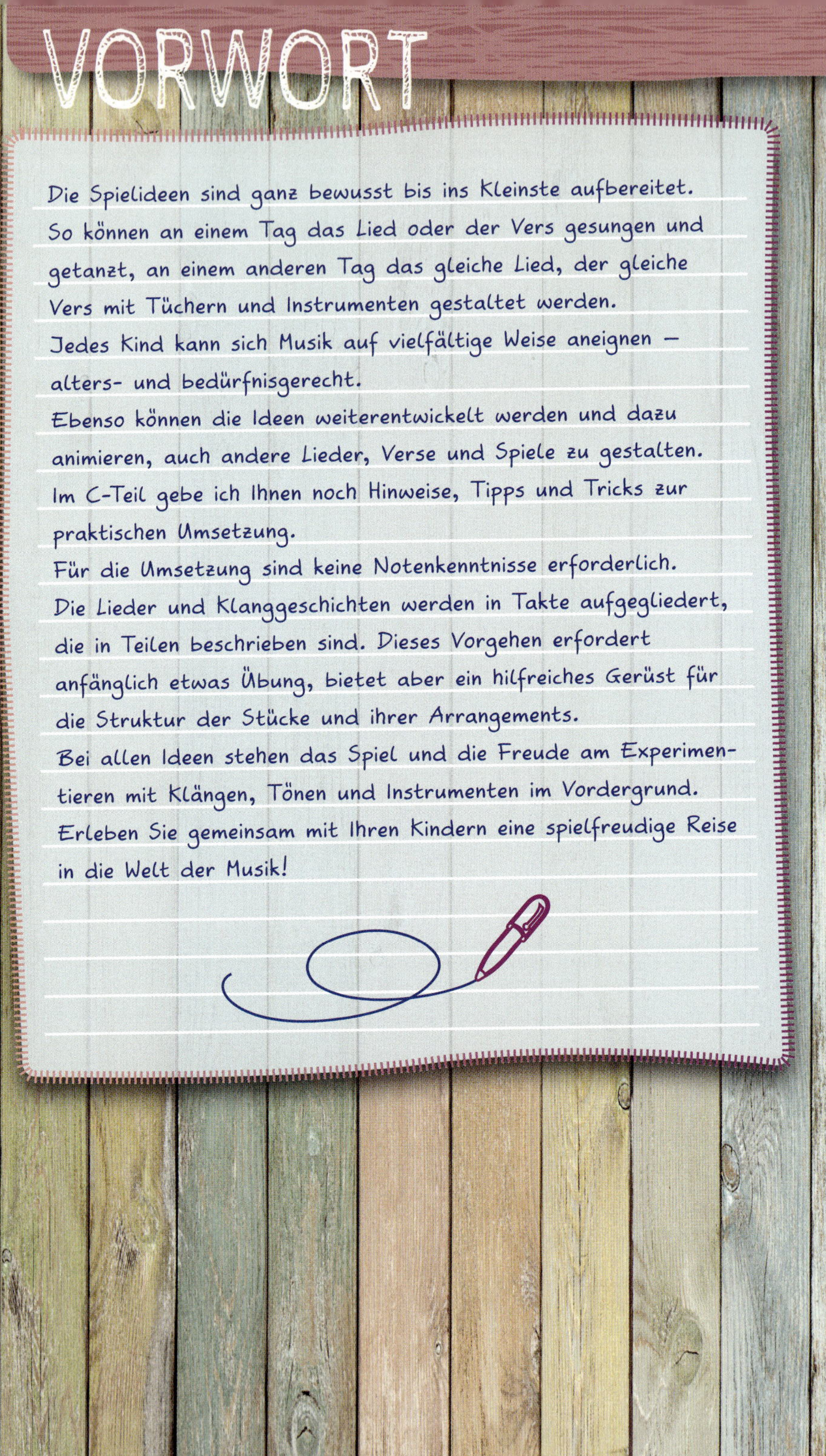

Die Spielideen sind ganz bewusst bis ins Kleinste aufbereitet. So können an einem Tag das Lied oder der Vers gesungen und getanzt, an einem anderen Tag das gleiche Lied, der gleiche Vers mit Tüchern und Instrumenten gestaltet werden.
Jedes Kind kann sich Musik auf vielfältige Weise aneignen – alters- und bedürfnisgerecht.
Ebenso können die Ideen weiterentwickelt werden und dazu animieren, auch andere Lieder, Verse und Spiele zu gestalten.
Im C-Teil gebe ich Ihnen noch Hinweise, Tipps und Tricks zur praktischen Umsetzung.
Für die Umsetzung sind keine Notenkenntnisse erforderlich.
Die Lieder und Klanggeschichten werden in Takte aufgegliedert, die in Teilen beschrieben sind. Dieses Vorgehen erfordert anfänglich etwas Übung, bietet aber ein hilfreiches Gerüst für die Struktur der Stücke und ihrer Arrangements.
Bei allen Ideen stehen das Spiel und die Freude am Experimentieren mit Klängen, Tönen und Instrumenten im Vordergrund.
Erleben Sie gemeinsam mit Ihren Kindern eine spielfreudige Reise in die Welt der Musik!

INHALT

INHALT

1 Aufbau und Hintergrund

Zur Einstimmung möchte ich Ihnen im Folgenden wichtige Hinweise zu den musikalischen Schwerpunkten des Buches geben.

Was steht hinter den Spielideen, welche Grundlagen für die qualitative methodische Umsetzung sind von Bedeutung und welche Kompetenzen werden im Besonderen bei den Kindern gestärkt.

Alle zugehörigen Audiodateien und Videos finden Sie hier:

1

1.1 Das Spiel mit den Händen

Verse können vielseitig in Fingerspiele, Handgestenspiele, Massagespiele und Klanggeschichten verwandelt werden. Sie eignen sich für zwischendurch, als Themeneinstimmung und als Ausklang.

Die Kinder schlüpfen in die Rolle von Katzen, indem die Hände schleichende Bewegungen vor dem Körper vollführen. Oder die Finger werden zu Mäusen und zappeln wild umher. Vor den Kinderaugen entsteht eine Geschichte und sie schauen sich selbst und den anderen Kindern mit großer Spannung zu.

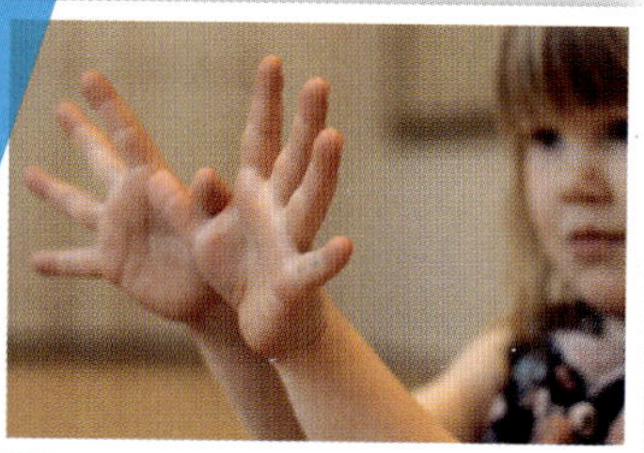

Aber nicht nur die emotionale Entwicklung wird durch das stark empfundene Erlebnis gefördert. Verse sind wahre Kraftpakete, die die Feinmotorik und die Sprachentwicklung nachhaltig unterstützen. Laut neuen Studien wird die Empathie durch das Theaterspiel in besonderer Weise aufgebaut und weiterentwickelt.

In diesem Spiel sind Mimik und Gestik besonders gefragt. Ein kleiner Vers wird durch eine lebendige Darstellung zu einem aufregenden Erlebnis, das die Kinder mit Spannung verfolgen und nachahmen.

1.2 Lieder spielen und erleben

Im Gepäck sind bekannte, traditionelle Lieder. Sie greifen auf vielfältige Weise den Alltag des Kindes auf und bieten durch ihre einfachen Strukturen einen leichten Zugang zur Musik.
So können die Lieder zu Hause, im Kindergarten, in der Grundschule und auch in Musikschulen erlebt werden. Im Instrumentalunterricht werden die Lieder aufgegriffen. Ist das Lied dem Kind bereits bekannt, fällt es ihm leichter, es auf das Instrument zu übertragen. Neue und moderne Lieder ergänzen das musikalische Repertoire. Das Singen sollte eine spielerische Aktivität sein, denn Kinder lieben das Spiel. Erst durch ein Erlebnis werden sie berührt und angeregt (Merget, 2014, S. 55).
Unterstützend wurden alle Lieder eingesungen und als Download zum Anhören verfügbar. Unbekannte Lieder können so ohne Noten erlernt werden und die beschriebenen Ideen zur Musik regen zu weiteren Tanz- und Bewegungsideen an.

1.3 Klang und Bewegung

Die pädagogischen Fachkräfte erzählen mir häufig, dass sie gerne Musik anschalten und sich die Kinder dazu mit Freude bewegen. Diese Idee habe ich aufgegriffen und aus der Erlebniswelt der Kinder Geschichten erfunden. Durch musikalische Arrangements von Klaus Getrost wurden diese Geschichten verklanglicht.

Es werden die Bedürfnisse nach Bewegung zur Musik und dem Spiel mit der Förderung der auditiven Wahrnehmung verknüpft. Die Kinder hören eine kleine musikalische Geschichte, die sie sofort umsetzen können. Jedes Kind kann dabei seine eigenen Erfahrungen und Ideen mit einfließen lassen.

Die Musikstücke stehen wie die Lieder als Download zur Verfügung.

Zur praktischen Umsetzung empfiehlt es sich, die Musik zunächst anzuhören und die erste Spielidee auszuprobieren. Anschließend kann man sich den Erweiterungen widmen oder eigene Ideen entwickeln.

1.4 Takte, Teile und Grundschlag

Musikstücke sind in Takte eingeteilt. Ein Grundschlag, auch Puls oder Metrum genannt, sind die durchgehenden Schläge in einem Stück. Der Grundschlag ist von entscheidender Bedeutung für das Verständnis der Struktur eines jeden Rhythmikspiels. Das Tempo kann variieren.
Der Grundschlag wird für die Kinder sichtbar und fühlbar, indem wir bei einem Lied mit unseren Händen leicht auf die Beine patschen. Die Bewegung wird dabei in der Tendenz nach oben ausgeführt und die Schläge sind fast nicht zu hören. Wir zählen also bei einem Lied im $^4/_4$ Takt 4 Grundschlagschläge und haben dann einen Takt.
Bei einem $^3/_4$ Takt schlagen wir 3 Grundschlagschläge und erhalten einen Takt.
In der Regel enthalten Lieder für Kinder 2–4 Teile, die A-B-C-D-Teile genannt werden. Diese maximale Anzahl an Teilen sind für Kinder gut nachvollziehbar.
In den Klanggeschichten habe ich mich daran orientiert und ebenfalls maximal vier Teile mit Spielideen herausgearbeitet.
Die Teile lassen sich leicht heraushören und geben einen guten Leitfaden.

Übung macht den Meister: einfach bei jedem Lied leicht den Grundschlag auf die Beine schlagen.
Vorteile sind neben dem Erlebnis des Grundtempos, dass man sich gleich in einer guten aufrechten Sitzposition befindet, die das freie Singen erleichtert.

Die Kinder setzen sich in meinen Musikstunden auf den Boden und patschen augenblicklich fröhlich auf ihre Beine. Es bedeutet: „Wir sind bereit!" (Grundschlag-Tutorial online)

1.5 Bewegung und Tanz

Die Musik entsteht und entwickelt sich im Körper. Ohne Bewegung hat für die Kinder die Musik keinen Zusammenhang.

Kinder lieben es, sich frei im Raum zu bewegen und ihre Grenzen auszutesten. Wie schnell bin ich? Was passiert, wenn ich mich drehe? Falle ich um oder verändere ich die Position im Raum?
Wichtig ist es, den Kindern die Möglichkeit zu geben, sich auszuprobieren, und ihnen ergänzend Bewegungsimpulse in Form von kleinen Choreografien zu bieten. Sie können damit ihre eigenen Bewegungsmuster verfeinern.
Für Choreografien gilt, eine Bewegungsform mehr als das Alter des Kindes einzubauen. Das bedeutet, dass ein Kind von zwei Jahren drei Bewegungsformen wie z. B. „Gehen, Laufen, Drehen" gut bewältigen kann. Ein vierjähriges Kind hingegen wird sich mit fünf Formen wie z. B. „Gehen, Laufen, Drehen, Klatschen am Platz, Stampfen am Platz" stärker herausgefordert fühlen.
Die Tänze und Bewegungsspiele im Praxisteil bieten kleine herausfordernde Choreografien, an denen die Kinder sich ausprobieren können. Wichtig ist nicht, dass sie exakt übernommen werden, sondern dass die Kinder mit den Ideen spielerisch umgehen und sie in ihre eigenen Bewegungsmuster nach ihren Bedürfnissen integrieren.

1.6 Das Instrument Stimme

Wenn ich mit pädagogischen Fachkräften und Eltern Lieder anstimme, stelle ich fest, dass es Zeit braucht, um Hemmschwellen zu überwinden. In der Regel wird in der Sprechstimme gesungen, für die Kinderstimmen also zu tief. Die Stimmbänder sind noch kürzer und wie beim Orgelpfeifenprinzip gilt – je kürzer, je höher der Ton.

Meine Vermutung ist, dass es leichter ist, vom Sprechen ins Singen überzugehen. Das Lied höher anzustimmen bedeutet womöglich, dass mich meine Umgebung wahrnimmt.

Ebenfalls klingt die Stimme im eigenen Ohr fremd und ungewohnt. Mit den Hinweisen „Ich kann nicht singen“ oder „Niemand möchte meine Stimme hören“ wird dann auch tatsächlich weniger gesungen. Schlechte Erfahrungen in der Schule, in denen das Singen vor den anderen Schülerinnen und Schülern alleine vorgetragen werden musste und von der Lehrkraft bewertet wurde, tragen zu dieser Blockade stark bei.

Das tiefe Singen in der Bruststimmlage wird aber den Fähigkeiten und Facetten der Stimme nicht gerecht, und zwar weder beim Kind noch beim Erwachsenen. Problematisch ist es, dass das Register der Kinder noch ausschließlich im Kopfstimmbereich liegt und es dann nicht in seiner natürlichen Stimmlage singt. Dieses schadet auf Dauer der Stimme und der Stimmumfang wird vernachlässigt (vgl. Mohr, 1997).

In meiner Tätigkeit als Dozentin liegt mein Schwerpunkt im Wesentlichen darin, Hemmungen und Ängste beim Singen abzubauen und die Singstimme angstfrei und wohlwollend zu entdecken.

Erstaunliche Erkenntnisse über die eigenen Fähigkeiten treten zutage. Im Anschluss an ein Seminar werden die erlernten Lieder gemeinsam auf ein Aufnahmegerät gesungen. In Rückmeldungen wurde mir bestätigt, wie hilfreich und nachhaltig dieses Erlebnis ist. Es ist schade, wenn gerade dieses verbindende Element weiter in den Hintergrund tritt, weil man sich das Singen nicht zutraut.

Ich empfehle daher immer, im Alltag auch für sich alleine zu singen und sich zu erproben. Wie klinge ich im Auto und unter der Dusche? Was habe ich für einen stimmlichen Umfang? Wie laut und wie leise kann ich singen? Kann ich die Radiohits mitsingen, mich später daran erinnern und sie nochmals singen?

In der Kita wird jede Alltagssituation wie Aufräumen und An- und Ausziehen mit einem gemeinsamen Lied vergnüglicher und die Zeit vergeht wie im Flug. Es muss kein spezielles Aufräumlied sein – einfach singen, was einem einfällt. Die Kinder werden mit Freude einstimmen und immer häufiger selbst Lieder vorschlagen.

Weiterhin stecken in vielen Liedern einfache Stimmübungen, die die Stimme aufwecken und sie im wahrsten Sinne des Wortes zum Schwingen bringen. Dieses Buch hält nach jedem Lied Stimmspiele bereit.

Im Laufe der Zeit wird das Singen immer selbstverständlicher und die Singqualität wird automatisch kontinuierlich verbessert.

In erster Linie geht es nicht um Perfektion, sondern um die Freude beim Singen. Dieses emotionale Erlebnis ist für das Kind entscheidend. Singen verbindet, drückt Gefühle aus, steigert das Wohlfinden und fördert soziale und sprachliche Kompetenzen (vgl. Merget, 2019, S. 35).

Also mutig sein und gemeinsam die Singstimme erheben!

1.7 Die musikalische Ausstattung

Wünschenswert für musikalische Erlebnisse sind Räume mit wenig Ablenkung und ausreichend Platz zum Bewegen.

In manchen Kindertagesstätten habe ich in Gruppenräumen gearbeitet, in denen Podeste, Ballbecken und andere Spielzeuge besonders die Kleinsten dazu verleitet haben, sich immer wieder aus dem Geschehen herauszuziehen. So kann eine große Unruhe entstehen, Kinder können kommen und gehen. Die Erlebnisse geraten so immer wieder ins Stocken und für mich waren diese Musikstunden nicht zufriedenstellend.

Wenn aber kein großer Raum mit wenig Material zur Verfügung steht, würde ich Räume abtrennen oder sichtbar abgrenzen. Zum Beispiel unterstützt ein großer Teppich den Rahmen des Angebotes. Im Laufe der Zeit wird dieser für die Kinder der Musikbereich.

Die optimale Ausstattung sind Instrumente für jedes Kind.
Dazu gehören für mich:

* Klanghölzer
* Rasseln (verschiedene Klänge, hell und dunkel)
* Glöckchenstäbe

Kleines Instrumentarium

Empfehlenswert sind außerdem mindestens zwei Palisander-Klangbausteine in den Klängen Alt oder Tenor (Sopranstäbe sind vom Ton zu hoch) aus (Xylophon oder klingende Stäbe) in d' und a' für die Bordunbegleitung[1] in D-Dur[2] .

Dazu gibt es Sonderschlägel, die etwas kürzer sind als übliche Schlägel und daher auch für kleine Kinderhände geeignet.

Ergänzend bietet sich noch der Klangbaustein fis' an. Mit den Tönen d' fis' a' kann der Dreiklang gespielt werden – zusammen oder auch einzeln.

Spielen wir abwechselnd a' und fis', entdecken wir den Kuckucksruf.

Eine weitere Ergänzung ist der Klangbaustein d'' (der 8. Ton in der Tonleiter und die Oktave).

Im Lied: „Heut ist ein Fest bei den Fröschen" kommt die Oktave mit den Tönen d' und d'' zum Einsatz.

Natürlich können auch alle Klangbausteine der D-Tonleiter angeschafft werden.

Als weitere Anschaffung empfehle ich bunte Chiffontücher und Reifen für jedes Kind sowie ein Schwungtuch.

Weiterhin ist eine qualitativ gute Audianlage zum Einspielen von Musik und Hörbeispielen unablässig. Als Medium sind inzwischen neben bewährten CDs auch MP3-Dateien geeignet. Letztere können über Bluetooth-Lautsprecher abgespielt werden. Auf gute Qualität und Reichweite auch für größere Räume und Gruppen sollte unbedingt geachtet werden.

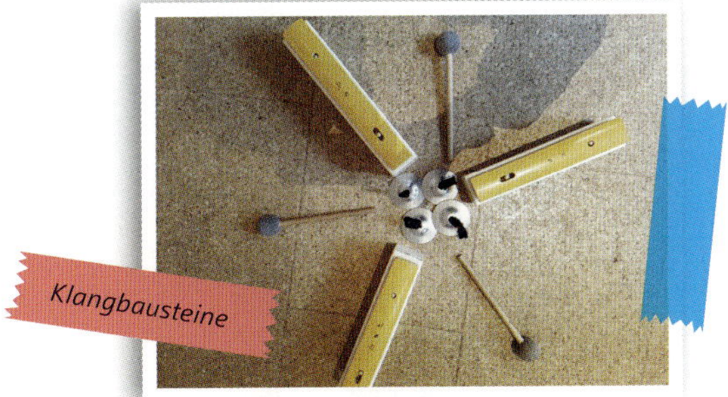
Klangbausteine

1 *Begleitung mit einer Quinte, also dem Grundton und dem 5. Ton der Tonleiter. Diese Begleitung klingt durchgehend harmonisch.*

2 *Die D-Dur-Tonleiter enthält folgende Töne: d' e' fis' g' a' h' cis' d''*

Hier noch eine Auswahl von Instrumenten. Sie können als Soloinstrumente und für Klanggeschichten genutzt werden. Ich empfehle von jedem Instrument 3–4 Exemplare für eine Kindergruppe bis zu 15 Kindern. Ist es eine größere Gruppe, sind entsprechend mehr Instrumente nötig.

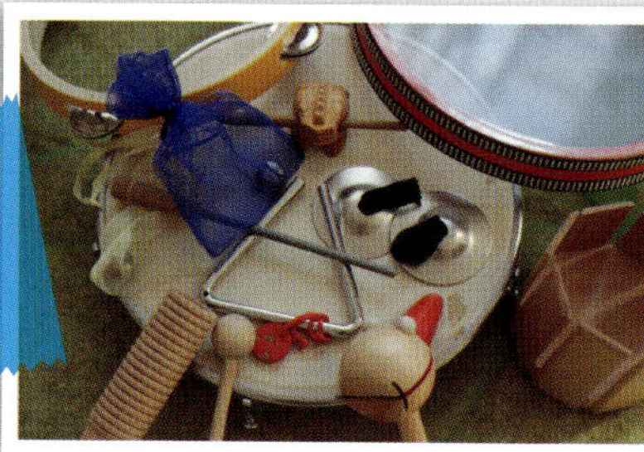

* Fingerzymbeln
* Triangeln
* Froschguiros
* Guiros
* Tontrommeln oder Holzblocktrommeln
* Glockenspiele
* Rührtrommeln
* Tambourine

Zu den größeren Anschaffungen gehören dann noch ein großes Xylophon und ein Metallophon sowie eine Wellentrommel.

Die Aufbewahrung der Instrumente und Materialien ist ein kontroverses Thema in meinen Seminaren. Sollten sie zur freien Verfügung stehen oder versperrt in einem Schrank?

Ich bevorzuge folgenden Kompromiss:

Die Instrumente sind empfindlich und eignen sich nicht zum freien Spiel. Sie können aber durchaus sichtbar in Kisten oder Körben verstaut aufbewahrt werden, sodass Kinder sie sehen und von sich aus den Wunsch äußern können, sie zu nutzen.

So entstehen spontane Musikstunden, die die Kinder selbst initiieren.

Der gewählte Musikplatz kann dann für das Instrumentalspiel genutzt werden.

Nach einer Weile sollte das Musikfeld den Kindern auch ohne Anleitung überlassen werden. Als pädagogische Fachkraft kann man sich auch auf Wunsch der Kinder dazusetzen und den Prozess unterstützen.

Insgesamt wäre es für mich eine wunderbare Entwicklung, wenn Musik sich im Alltag neben den Impulsen von angeleiteten Musikstunden verselbstständigte. Vielleicht braucht das ein wenig Zeit, aber die Kinder sind letztendlich sicher stolz auf ihre eigene, selbst gestaltete Musikstunde.

1.8 Persönliche ergänzende Gedanken

In den vielen Jahren, in denen ich mit Kindern gemeinsam in meinen eigenen Räumen und in Kindertageseinrichtungen Musik erlebte, ist mir der Spaß daran nicht verloren gegangen. Im Gegenteil: Die Energie der Kinder bei einem spannenden Fingerspiel, beim Singen, Rennen, Fliegen, Tanzen und freudigen Musizieren mit Instrumenten gibt mir immer wieder aufs Neue eine innere Zufriedenheit. Jüngere Kinder strahlen über das ganze Gesicht, wenn sie sich zwischen zwei älteren Kindern bei einem Tanz bewegen. Selbstvergessen spielen Kinder ihr Lieblingsinstrument und geben den Takt zum Spielen vor. Der Tücherkorb in der Mitte löst eine Welle der Freude darüber aus, ein Tuch zu wählen und damit durch den Raum zu flitzen.

Spürbar werden die psychologischen Effekte des Erlebens von Musik in meiner täglichen Arbeit deutlich.

„Musik berührt im Innersten. Sie kann zur Entspannung, Aufmunterung, Lebensfreude und emotionalen Stärke und damit zur Ausgeglichenheit beitragen" (Merget, 2019, S. 35).

Die soziale Kompetenz, die Sprachentwicklung und das Körperbewusstsein werden durch das gemeinsame Singen und Tanzen gestärkt, um nur einiges zu nennen.

Musikalische Strukturen bieten einen Rahmen, in dem die Kinder ohne Leistungsdruck und Bewertung ihre Kompetenzen weiterentwickeln. Anspruchsvolle Impulse bieten ihnen die Möglichkeiten, sich neuen Herausforderungen zu stellen und daran zu wachsen. Mit ihren eigenen Einfällen können sie die Ideen anreichern und einen eigenen Stil entwickeln.

Die Kinder spüren ihre Selbstwirksamkeit, die wiederum ihre Resilienz nachhaltig stärkt.

Sehr wichtig ist es mir, dass die Musik nicht eingesetzt wird, um einen Zweck zu erfüllen. Beispiele dafür sind der Einsatz eines Fingerspiels vor dem Mittagessen, damit die Kinder geduldig am Tisch warten und beschäftigt sind, das Lied vor dem Ausflug, damit die Kinder ruhig darauf warten, dass es losgeht, ein Lied vor der Schlafenszeit, damit die Kinder „runterkommen".

Musikalische Erlebnisse sollten wie das Spiel zweckfrei sein und es sollte den Kindern überlassen werden, wie sie sie für sich in diesem Moment nutzen.

Hier schließt sich mein letzter wichtiger Punkt an. Musik sollte dem Kind so viel wie möglich in vielen Facetten als Bildungsbereich zur Verfügung gestellt werden. Natürlich sollen sich die Kinder freiwillig dafür entscheiden dürfen.

In der Praxis fällt mir aber auf, dass überwiegend Kinder sich für Musikangebote entscheiden, wenn sie bereits Erfahrungen mit Musik gemacht haben oder Musik grundsätzlich mögen.

Viele Kinder bekommen somit möglicherweise nie einen Zugang zum Medium Musik.

Damit das Interesse der Kinder geweckt wird, ist es wichtig, Musik als festen Bestandteil im Kitaalltag zu verankern, anregende Angebote gemeinsam mit den Kindern zu entwickeln und verschiedene musikalische Schwerpunkte zu setzen, bei der das Spiel und das Erlebnis im Vordergrund stehen.

Ich freue mich, mit den nun folgenden anregenden Praxisideen dazu beizutragen.

„Auf die Ideen, fertig, los!"

Der Koffer wird nun geöffnet.
Viel Freude beim Stöbern und Entdecken!

2 Begrüßung und Warm-up

Im Morgenkreis, zwischendurch oder zum Start einer musikalischen Stundeneinheit stelle ich als erstes flotte Begrüßungs- und Bewegungslieder vor. Die Kinder lieben es, mit ihrem Namen begrüßt zu werden und sich eigene Ideen für ihre Begrüßung auszudenken. Ihr Selbstbewusstsein wird gestärkt und ihre Kreativität angeregt.

Im Überblick

2

2.1 Wir wollen uns begrüßen

Musik: Klaus Getrost; Text: Jeannette Getrost

Ein Begrüßungslied für die gesamte Gruppe. Hier werden die Kinder nicht einzeln, sondern gemeinsam mit verschiedenen Bewegungen begrüßt.

C G C Dm G C
Wir wol-len uns be-grü-ßen und das macht froh. Wir

C Dm G C
wol – len uns be – grü – ßen und das geht so. Wir

Am Dm Am
re–cken uns–'re Ar – me und ni–cken uns dann zu. Wir

C F C
stam–pfen mit den Fü – ßen und ge–ben kei–ne Ruh. Dann

F C Dm C
küs–sen wir nach hier! Dann küs–sen wir nach da! Wir
win–ken win–ken

C Dm G C
klat–schen in die Hän – de. Nun sind wir al – le da.

Text:

Wir wollen uns begrüßen und das macht froh.
Wir wollen uns begrüßen und das geht so.
Wir recken unsre Arme und nicken uns dann zu,
wir stampfen mit den Füßen und geben keine Ruh.
Dann küssen wir nach hier,
dann küssen wir nach da.
Wir klatschen in die Hände,
nun sind wir alle da!

Kleine Stimmübung

Wir sind vielleicht noch etwas müde und wecken vor der Begrüßung unseren Körper auf. Erst sind die Bewegungen noch klein, dann werden sie immer größer. Wir zappeln mit unseren Fingern, Händen, Beinen, Füßen, den Hüften, schütteln die Haare und schließlich den gesamten Körper. Wir können das im Stehen oder Sitzen ausprobieren. Spaß macht es überall.

Hintergrund: Unsere Stimme ist mit dem Körper verbunden. Ist der Körper aufgewärmt, ist auch unsere Atmung aktiv. Fühlt sich unser Körper wohl, ist auch die Stimme bereit.

Bewegung am Platz

TEXT	BEWEGUNGEN
Wir wollen uns begrüßen und das macht froh.	*Winken mit einer Hand*
Wir wollen uns begrüßen und das macht froh.	*Winken mit der anderen Hand*
Wir recken unsre Arme und nicken uns dann zu,	*wie der Text vorgibt*
wir stampfen mit den Füßen und geben keine	*wie der Text vorgibt*
Dann küssen wir nach hier,	*Luftküsschen in die eine Richtung*
dann küssen wir nach da.	*Luftküsschen in die andere Richtung*
Wir klatschen in die Hände,	*wie der Text vorgibt*
nun sind wir alle da! Hurra!	Arme strecken sich in die Luft

Im 11. Takt:
„Dann küssen wir nach hier …“ kann ergänzt werden mit:
„Dann winken wir nach hier …“

2

2.2 Guten Morgen Kanon

Musik: Klaus Getrost; Text: Jeannette Getrost

Dieses Lied ist als 4-stimmiger Kanon geschrieben. Er wurde im Laufe der Zeit zu einem Begrüßungslied und entsprechend textlich angepasst. Dazu findet sich in der ersten Spielidee ein Beispiel.

Text:

Guten Morgen, liebe Sonne.
Du bist heute wieder hier.
Ich möcht' tanzen voller Wonne.
Schön und fröhlich singen wir.

Kleine Stimmübung

Wir achten darauf, dass die erste Zeile „Guten Morgen, liebe Sonne" so lange ohne Zwischenatmung gesungen wird, wie die Arme den Sonnenkreis ziehen.

Hintergrund: Die Atmung wird mit dem Gesang in Einklang gebracht und entsprechend wird die Länge des Atmens trainiert.

Bewegung zum Lied

TEXT	BEWEGUNGEN
Guten Morgen, liebe Sonne.	*Arme machen einen großen Kreis für die Sonne*
Du bist heute wieder hier.	*Auf einen anderen zeigen*
Ich möcht' tanzen voller Wonne.	*Rollen der Arme vor dem Körper*
Schön und fröhlich singen wir.	*Hände schnippen abwechselnd auf und zu.*

Die Bewegungen für die beiden letzten Zeilen können variieren. Die Kinder haben sicher viele Ideen.

Instrumentalidee

Eine Bordunbegleitung[1] mit den Klangbausteinen c' und g' unterstützt das Lied. Jedes Kind begleitet einmal das Originallied.

Individuelle Begrüßung mit Textveränderung

TEXTVERÄNDERUNG NACH BEGRÜSSUNGSWUNSCH DES KINDES	BEWEGUNGEN
Guten Morgen, liebe Sonne.	*Arme machen einen großen Kreis für die Sonne.*
Du bist heute wieder hier.	*Auf ein Kind zeigen Das Kind wünscht sich eine Bewegung.*
Ich möcht' stampfen voller Wonne.	*Das Kind macht seine Bewegung vor.*
Schön und fröhlich stampfen wir.	*Alle machen die Bewegung nach.*

1 *Bordunbegleitung: Ein oder mehrere Töne (in der Regel Basstöne, können aber auch Tenor oder Alttöne sein), klingen ohne Unterbrechung und darüber wird die Melodie gesungen.*

2

2.3 Das alles kann ich schon

Musik: Klaus Getrost; Text: Jeannette Getrost

Ein Bewegungslied für den Morgenkreis, zwischendrin und wann immer die Kinder Lust darauf haben.

Das Lied startet im Sitzen und wird im Stehen weitergesungen.
Ab dem vierten Refrain können die Kinder sich ein Gegenüber suchen und das Spiel gemeinsam gestalten. Sie können es aber auch genauso weiter alleine singen und spielen.

Ergänzend findet ein Countdown von 1 – 2 – 3 statt, der den Kindern besondere Freude bereitet.

Zum Schluss können alle gemeinsam umfallen. Die Musik lädt weiterhin zum Klatschen und Stampfen ein oder es geht einfach von vorne los.

Das alles kann ich schon

Text:

1. Ich klatsche in die Hände.
Ich tupfe auf die Nase.
Ich zupfe an den Ohren.
Ich tippe auf die Schultern.

Refrain:
Das alles kann ich schon,
das ist doch ganz klar.
Jetzt werdet ihr gleich staunen,
dass das nicht alles war!

2. Ich atme tief in meinen Bauch.
Dann atme ich schon wieder aus.
Ich atme noch mal kräftig ein
und lass die Luft laut wieder raus.

Refrain:
Das alles kann ich schon,
das ist doch ganz klar.
Jetzt werdet ihr gleich staunen,
dass das nicht alles war!

3. Jetzt steh ich auf mit großem Schwung, 1, 2, 3..
Und drehe mich im Kreis herum, 1, 2, 3.
Dann stampf ich mit den Füßen auf,
geh' in die Hocke und wieder rauf.

Refrain:
Das alles kann ich schon,
das ist doch ganz klar.
Jetzt werdet ihr gleich staunen,
dass das nicht alles war!

4. Ich klatsch' in deine Hände.
Ich tupf' auf deine Nase.
Ich zupf' an deinen Ohren.
Ich tipp' auf deine Schulter.

Refrain:
Das alles können wir,
ist doch ganz klar.
Gemeinsam zeigen wir euch
was da sonst noch war

5. Wir reichen uns die Hände.
Und tanzen gleich im Kreis herum.
Dann machen wir 'nen Seitgalopp
und lustig geht es hopp hopp hopp.

6. Das alles können wir geschwind.
Und tanzen lustig wie der Wind.
Dann geht es gar zu schnell herum
und wir fallen plötzlich um ...

Kleine Stimmübung

Die kleine Stimmübung ist in der 2. Strophe gleich mit eingebaut. Nachdem wir „hingefallen sind“, können wir uns noch entspannt auf den Boden legen und ein- und ausatmen. Wie hebt und senkt sich der Bauch? Wann ist er dick und wann wieder dünn?

Hintergrund: Die Atmung führt unseren Gesang. Durch Übung kommen wir weniger aus der Puste und singen mit fließenden Übergängen. Die Atmung wird tief im Bauchraum wahrgenommen.

EIGENE NOTIZEN

3 Von kleinen und wilden Tieren

Im musischen Spiel können Tiere wunderbar zur Nachahmung genutzt werden.

Unterschiedliche Disziplinen wie das Schleichen, Flitzen, Stampfen, Räkeln bieten motorische Herausforderungen und schulen die Beweglichkeit und das Körperbewusstsein.

Die Kinder lieben es, abwechselnd wie flinke Mäuse durch den Raum zu flitzen und langsam und behäbig wie ein starker Elefant zu stampfen. Mit großer Freude schleichen sie wie Katzen, schlängeln sich wie Schlangen auf dem Boden und springen wie ein Raubtier.

Die folgenden Spielideen greifen diese natürlichen Bedürfnisse des Kindes auf und bieten das faszinierende Erlebnis, sich in Tiere zu verwandeln.

Im Überblick

Vers:	Maus und Elefant
Klanggeschichte:	Maus und Elefant
Lied:	Unsre Katz heißt Mohrle
Vers:	Ein Katzenwortspiel
Klanggeschichte:	Katzen
Klanggeschichte:	Raubkatzen
Lied:	Die Affen rasen durch den Wald

3.1 Vers: Maus und Elefant

Von Jeannette Getrost

Ein kleiner Elefant stapft einsam durch das Land.
Er trifft die kleine Maus, sie flitzt aus ihrem Haus.
Der kleine Elefant stapft fröhlich durch das Land.
Die Maus flitzt hinterdrein,
so schön kann Freundschaft sein.

Der Vers kann zur Einstimmung eingesetzt werden. Es geht um zwei sehr unterschiedliche Tiere, die Freundschaft schließen. Auch wenn das in der Realität sehr unwahrscheinlich ist, so ist es doch ein schöner Gedanke.

Musikalisch ist der Vers ein Spiel mit den Unterschieden „langsam und schnell“. Diese sind für Kinder ein wichtiges Element für ein musikalisches Verständnis. In der Musik werden diese Unterschiede auch „Parameter“ genannt. Dazu gehören auch „laut und leise“, „hoch und tief“. Wenn etwas sehr schnell ist, kann es gleichzeitig auch sehr langsam sein. Musik kann sehr laut, aber auch sehr leise sein, es gibt hohe und tiefe Töne.

Fingerspielidee ab 6 Monate

VERS	FINGERSPIEL
Ein kleiner Elefant stapft einsam durch das Land.	*Langsame Bewegungen mit den Fäusten*
Er trifft die kleine Maus, sie flitzt aus ihrem Haus.	*Schnelle Bewegungen mit den Fingern*
Der kleine Elefant stapft fröhlich durch das Land.	*Langsame Bewegungen mit den Fäusten*
Die Maus flitzt hinterdrein,	*Schnelle Bewegungen mit den Fingern*
so schön kann Freundschaft sein.	*Umarmung mit sich selbst*

Instrumentalidee ab 6 Monate

Mit Instrumenten lässt sich dieser Vers erweitern. Das Spiel wird nun auf die Hände übertragen und das musikalische Verständnis und die Feinmotorik werden geschult.

Wenn vorhanden, bekommt jedes Kind zwei Rasseln. Beide Hände sind aktiv.

VERS	INSTRUMENT: RASSEL
Ein kleiner Elefant stapft einsam durch das Land.	*Rasseln klopfen auf den Boden.*
Er trifft die kleine Maus, sie flitzt aus ihrem Haus.	*Rasseln werden geschüttelt.*
Der kleine Elefant stapft fröhlich durch das Land.	*Rasseln klopfen aneinander.*
Die Maus flitzt hinterdrein,	*Rasseln werden geschüttelt.*
so schön kann Freundschaft sein.	*Rasseln klopfen auf den Boden.*

Instrumentalidee ab 2,5 Jahre

Die Kinder werden nun in zwei Gruppen eingeteilt und spielen Elefant oder Maus. Der Elefant bekommt die Trommel und die Maus die Rasseln. Anschließend wird nach Lust und Laune getauscht.

VERS	INSTRUMENTE: MARACAS UND TROMMEL
Ein kleiner Elefant stapft einsam durch das Land.	*Trommel wird langsam mit der flachen Hand gespielt.*
Er trifft die kleine Maus, sie flitzt aus ihrem Haus.	*Maracas werden geschüttelt.*
Der kleine Elefant stapft fröhlich durch das Land.	*Trommel wird mit der flachen Hand leicht schneller gespielt.*
Die Maus flitzt hinterdrein,	*Maracas werden geschüttelt.*
so schön kann Freundschaft sein.	*Beide Instrumente spielen gemeinsam.*

3.2 Klanggeschichte: Maus und Elefant

Arrangement: Klaus Getrost

Die Parameter „langsam und schnell" werden in dieser Bewegungsgeschichte erlebbar gemacht. Die Hauptrollen spielen wieder der Elefant und die Maus. Es kann aber auch Bär und Eichhörnchen oder auch einfach „Stampfen und Flitzen" als Begriffe verwendet werden.

Einfache Bewegungsidee

Die Kinder bewegen sich abwechselnd als Elefanten und Mäuse. Die Idee ist es, dass die Elefanten langsam und behäbig gehen und die Mäuse durch den Raum flitzen.

TEILE	TAKTE	BEWEGUNGSIDEE
Intro	2 Takte	*Die Kinder sind startbereit.*
A-Teil	8 Takte	*Die Kinder sind Elefanten. Langsam gehen sie durch den Raum.*
B-Teil	8 Takte	*Die Kinder sind Mäuse. Schnell flitzen sie durch den Raum.*
A-Teil	8 Takte	*Die Kinder sind Elefanten. Langsam gehen sie durch den Raum.*
B-Teil	8 Takte	*Die Kinder sind Mäuse. Schnell flitzen sie durch den Raum.*
C-Teil	6 Takte	*Kleine Atempause: Alle verharren und huschen am Platz hin und her.*
D-Teil	8 Takte	*Die Elefanten laufen wieder langsam. (Es ist nun aber auch die Mäusemusik zu hören. Die Spannung wird weiter aufrecht-erhalten.)*
D-Teil	8 Takte	*Auflösung: Alle flitzen wie Mäuse durch den Raum.*

Bewegungsidee ab 2,5 Jahre

Die Kinder können jetzt in verschiedene Rollen schlüpfen.
Wer möchte Elefant, wer möchte Mäuschen sein?
Die Gruppen sind im Raum auf zwei Ecken verteilt.

TEILE	TAKTE	BEWEGUNGSIDEE
Intro	2 Takte	*Die Kinder sind startbereit.*
A-Teil	8 Takte	*Die Elefantenkinder gehen langsam durch den Raum.*
B-Teil	8 Takte	*Die Mäusekinder flitzen schnell durch den Raum.*
A-Teil	8 Takte	*Die Elefantenkinder gehen langsam durch den Raum.*

TEILE	TAKTE	BEWEGUNGSIDEE
B-Teil	8 Takte	*Die Mäusekinder flitzen schnell durch den Raum.*
C-Teil	6 Takte	*Die Mäusekinder huschen am Platz hin und her, Elefanten stehen am Platz.*
D-Teil	8 Takte	*Die Elefanten laufen wieder langsam durch den Raum, die Mäuschen sind ganz still am Platz.*
D-Teil	8 Takte	*Jetzt sind alle gemeinsam mit ihrer Bewegung dabei. Auch die Rolle kann hier einfach gewechselt werden. Je nach Lust und Lauffreude.*

Bewegungsidee mit Chiffontüchern ab 1,5 Jahre

Die Bewegung kann mit Tüchern erweitert werden. Jedes Kind bekommt ein Chiffontuch.

TEILE	TAKTE	BEWEGUNGSIDEE
Intro	2 Takte	*Die Kinder stehen mit Tüchern in der Hand verteilt im Raum.*
A-Teil	8 Takte	*Mit Tüchern gehen die Kinder langsam im Raum.*
B-Teil	8 Takte	*Mit Tüchern flitzen sie schnell durch den Raum.*
A-Teil	8 Takte	*Mit Tüchern gehen die Kinder langsam im Raum.*
B-Teil	8 Takte	*Mit Tüchern flitzen sie schnell durch den Raum.*
C-Teil	6 Takte	*Die Kinder huschen am Platz hin und her.*
D-Teil	8 Takte	*Mit Tüchern gehen die Kinder langsam im Raum.*
D-Teil	8 Takte	*Und sie flitzen nochmals durch den Raum.*

Bewegungsidee mit Chiffontüchern ab 3 Jahre

Die Tücher können nun die beiden Tiere darstellen.
Eine Gruppe hat dunkle Tücher und spielt die Elefanten, die andere Gruppe spielt mit den hellen Tüchern die Mäuschen.

Zunächst können auch alle gemeinsam die verschiedenen Tiere mit den Tüchern spielen. Im nächsten Schritt können die Gruppen aufgeteilt werden.

Beide Möglichkeiten sind im Folgenden aufgeführt.

TEILE	TAKTE	BEWEGUNGS-MÖGLICHKEIT 1	BEWEGUNGS-MÖGLICHKEIT 2
Intro	2 Takte	*Die Kindergruppe mit den hellen Tüchern ist startklar.*	*Die Kindergruppe mit den dunklen Tüchern ist startklar.*
A-Teil	8 Takte	*Die Gruppe geht mit ihren Tüchern langsam im Raum herum.*	*Mit den dunklen Tüchern gehen alle Elefanten-Kinder langsam im Raum.*
B-Teil	8 Takte	*Die Gruppe flitzt mit ihren Tüchern schnell durch den Raum.*	*Mit den hellen Tüchern flitzen alle Mäusekinder schnell durch den Raum.*
A-Teil	8 Takte	*Die Gruppe geht mit ihren Tüchern langsam im Raum herum.*	*Mit den dunklen Tüchern gehen alle Elefanten-Kinder langsam im Raum herum.*
B-Teil	8 Takte	*Die Gruppe flitzt mit ihren Tüchern schnell durch den Raum.*	*Mit den hellen Tüchern flitzen alle Mäusekinder schnell durch den Raum.*
C-Teil	6 Takte	*Alle Kinder huschen am Platz hin und her.*	*Alle Kinder huschen am Platz hin und her.*

TEILE	TAKTE	BEWEGUNGS-MÖGLICHKEIT 1	BEWEGUNGS-MÖGLICHKEIT 2
D-Teil	8 Takte	*Die Gruppe geht mit ihren Tüchern langsam im Raum herum.*	*Mit den dunklen Tüchern gehen die Elefanten-Kinder langsam im Raum.*
D-Teil	8 Takte	*Beide Gruppen tanzen im Raum mit den Tüchern.*	*Beide Gruppen tanzen im Raum mit den Tüchern.*

Instrumentalidee ab 1,5 Jahre

Hier bietet sich das Trommelspiel an. Die Feinmotorik wird durch die Spieltechniken besonders geschult.

Jedes Kind bekommt eine Trommel. Je nach Bestand können auch zwei Kinder an einer Trommel spielen oder es wird eine Trommeltraube in der Mitte gebildet.

TEILE	TAKTE	INSTRUMENTALE SPIELIDEE
Intro	2 Takte	*Die Kinder sitzen im Kreis.*
A-Teil	8 Takte	*Langsames, starkes Trommeln für den Elefanten*
B-Teil	8 Takte	*Mit den Fingerspitzen tippeln für die Mäuschen*
A-Teil	8 Takte	*Langsames starkes Trommeln für den Elefanten*
B-Teil	8 Takte	*Mit den Fingerspitzen tippeln für die Mäuschen*
C-Teil	6 Takte	*Vorsichtiger Trommelwirbel und zwischendurch Finger zum Mund: „Psst" zum Stoppen*
D-Teil	8 Takte	*Die Fingerspitzen wirbeln auf der Trommel.*
D-Teil	8 Takte	*Starker Trommelwirbel als finales Trommelspiel*

Instrumentalidee mit Rasseln und Trommeln ab 3 Jahre

Die Kinder können sich in zwei Gruppen aufteilen und bekommen eine Trommel oder eine Rassel.

Die Trommel-Elefanten-Kinder halten nun die Trommel in der Hand und gehen bei „ihrer" Musik im Raum. Die Rassel-Mäuse-Kinder erhalten ein bis zwei Rasseln und laufen damit ebenfalls bei ihrer Musik im Raum.

Die Kinder können aus zwei Ecken im Raum starten.

Herausforderung ist hierbei, nicht zu laufen, wenn die Musik die derzeitige Rolle nicht spielt.

TEILE	TAKTE	INSTRUMENTE SPIELIDEE
A-Teil	8 Takte	*Die Elefantenkinder trommeln langsam und im Grundschlag. Mäuschen stehen noch an ihrem „Mäuseplatz".*
B-Teil	8 Takte	*Elefanten bleiben im Raum stehen. Die Mäusekinder gehen los und rasseln um die Elefanten herum.*
A-Teil	8 Takte	*Die Elefanten gehen wieder los und trommeln im Raum. Die Mäusekinder machen sich klein.*
B-Teil	8 Takte	*Elefanten bleiben im Raum stehen. Die Mäusekinder gehen los und rasseln um die Elefanten herum.*
C-Teil	6 Takte	*Die Mäusekinder rasseln vorsichtig und stoppen zwischendurch.*
D-Teil	8 Takte	*Die Elefanten gehen los und trommeln, Mäuse machen sich klein.*
D-Teil	8 Takte	*Elefanten- und Mäusekinder spielen mit ihren Instrumenten gemeinsam im Raum.*

Aus der Praxis

Das Instrumentalspiel kann auch zunächst im Sitzen ausprobiert werden. Sind die Abläufe klar, kann es auch im Raum gespielt werden.

Die stehenden Trommelkinder können auch kleine tippelnde Bewegung für die Mäuse mitspielen, dann haben sie ein wenig zu tun. Manche Kinder haben das von sich aus angefangen und waren noch mehr bei der Sache.

Empfehlung: Kinder lieben Bewegung. Daher ist es ist für die Kinder sehr schön, sich so lange wie möglich zu dieser kleinen Klanggeschichte im Raum zu bewegen. Nach einer Weile kann die Geschichte mit Instrumentalspielen erweitert werden.

Mäusejagd: Ergänzendes Spiel ab 5 Jahre

Meine Kinder haben sich manchmal ihr Tuch als Mäuseschwänzchen an die Hose geklemmt. Diese Idee habe ich aufgegriffen und mit den älteren Kindern Mäusejagd gespielt. Die Kinder klauen sich gegenseitig ihre Mäuseschwanztücher. Wer die meisten gesammelt hat, hat gewonnen.

Tücherspiel

Tücherspiel Mäuseschwänzchen

3.3 Lied: Unsre Katz heißt Mohrle

Wilhelm Bender, Neue Kinderlieder für 2 Blockflöten oder andere Melodie-Instrumente, Mainz, B. Schott's Söhne, 1983.

Das folgende traditionelle Lied erzählt von einer Katze und ihren Besonderheiten. Ich singe es mit jeder Altersgruppe und es findet immer großen Anklang.
Die rhythmisch strukturierte Version auf dem Tonträger bietet Ideen für Tanzchoreografien.

Text:

1. Unsre Katz heißt Mohrle,
   hat ein schwarzes Ohrle,
   hat ein schwarzes Fell.
   Und wenn es was zu schlecken gibt,
   dann ist sie gleich zur Stell.

2. Unsre Katz heißt Mohrle,
   hat ein schwarzes Ohrle,
   Augen, die sind grün.
   Und wenn es abends dunkel wird,
   dann fang' sie an zu glühn.

3. Unsre Katz heißt Mohrle,
   hat ein schwarzes Ohrle,
   Pfötchen, die sind weich.
   Und wenn Du nachts im Schlafe liegst,
   dann schnurrt sie durch ihr Reich.

3

Kleine Stimmübung

Katzenstimmen bieten eine wunderbare Möglichkeit, die Stimme herauszufordern. Wir miauen laut und leise, langgezogen und kurz. Wohlig recken und strecken wir uns dabei wie eine Katze.

Hintergrund: Die Kopfstimme wird erprobt. Durch die langgezogenen hohen Töne kann die Stimme kontrolliert in allen Facetten zum Klingen und Schwingen gebracht werden. In Verbindung mit dem Körper ist es noch ganzheitlicher und spaßiger.

Handgestenspiel mit den Kleinsten

Die Kindergruppe sitzt im Kreis. Das Lied wird mit Gesten gesungen und der Text wird für die Kinder sichtbar. Die Kleinsten singen in der Regel noch nicht mit, doch die Bewegungen können sie mitmachen oder anschauen. Es ist in jedem Fall ein Erlebnis.

TEILE	TAKTE	TEXT	FINGERSPIEL-IDEE
A-Teil	6 Takte	Unsre Katz heißt Mohrle, hat ein schwarzes Ohrle, hat ein schwarzes Fell.	Sich ans Ohr fassen, Arme streicheln
B-Teil	4 Takte	Und wenn es was zu schlecken gibt, dann ist sie gleich zur Stell'.	Schnell mit den Händen auf die Beine patschen
A-Teil	6 Takte	Unsre Katz heißt Mohrle, hat ein schwarzes Ohrle, Augen, die sind grün.	Sich ans Ohr fassen, eine Brille formen
B-Teil	4 Takte	Und wenn es abends dunkel wird, dann fang' sie an zu glühn.	*Hände gehen auf und zu und stellen das Glühen dar.*

TEILE	TAKTE	TEXT	FINGERSPIEL-IDEE
A-Teil	6 Takte	Unsre Katz heißt Mohrle, hat ein schwarzes Ohrle, hat ein schwarzes Fell.	Sich ans Ohr fassen, die Hände reiben
B-Teil	4 Takte	Und wenn Du nachts im Schlafe liegst, dann schnurrt sie durch ihr Reich.	*Schlafgeste*

Bewegungsspiel ab freiem Laufen

Die Kinder lieben es, sich im Raum zu bewegen. Das Spiel mit „langsam und schnell" macht ihnen besonders viel Freude.

TEILE	TAKTE	TEXT	BEWEGUNGS-IDEE
A-Teil	6 Takte	Unsre Katz heißt Mohrle, hat ein schwarzes Ohrle, hat ein schwarzes Fell.	Im Raum gehen
B-Teil	4 Takte	Und wenn es was zu schlecken gibt, dann ist sie gleich zur Stell'.	Im Raum rennen
A-Teil	6 Takte	Unsre Katz heißt Mohrle, hat ein schwarzes Ohrle, Augen, die sind grün.	Im Raum gehen
B-Teil	4 Takte	Und wenn es abends dunkel wird, dann fang' sie an zu glühn.	*Im Raum rennen*

TEILE	TAKTE	TEXT	BEWEGUNGS-IDEE
A-Teil	6 Takte	Unsre Katz heißt Mohrle, hat ein schwarzes Ohrle, hat ein schwarzes Fell.	Im Raum gehen
B-Teil	4 Takte	Und wenn Du nachts im Schlafe liegst, dann schnurrt sie durch ihr Reich.	*Im Raum rennen und anschließend schlafen legen*

Bewegungsspiel ab freiem Laufen

Die Bewegung kann erweitert werden. Das Arrangement birgt noch einige Takterweiterungen in sich und das Miauen einer Katze bietet einen Zusatz für die akustische Wahrnehmung.

TEILE	TAKTE	TEXT	BEWEGUNGS-IDEE
Intro	4 Takte		*Am Platz stampfen*
A-Teil	6 Takte	Unsre Katz heißt Mohrle, hat ein schwarzes Ohrle, hat ein schwarzes Fell.	*Durch den Raum gehen*
B-Teil	4 Takte	Und wenn es was zu schlecken gibt, dann ist sie gleich zur Stell'.	*Im Raum rennen*
Zwischenteil	12 Takte	Strophe als Instrumentalteil	*Die Kinder klatschen am Platz oder tanzen zu zweit oder mit mehren Kindern.*

TEILE	TAKTE	TEXT	BEWEGUNGS-IDEE
A-Teil	6 Takte	Unsre Katz heißt Mohrle, hat ein schwarzes Ohrle, Augen, die sind grün.	*Durch den Raum gehen*
B-Teil	4 Takte	Und wenn es abends dunkel wird, dann fang' sie an zu glühn.	*Im Raum rennen*
Zwischen-teil	8 Takte	Instrumentalteil	*Die Kinder schleichen umher.*
A-Teil	6 Takte	Unsre Katz heißt Mohrle, hat ein schwarzes Ohrle, hat ein schwarzes Fell.	*Durch den Raum gehen*
B-Teil	4 Takte	Und wenn Du nachts im Schlafe liegst, dann schnurrt sie durch ihr Reich.	*Im Raum rennen*
Zwischen-teil	10 Takte	Strophe als Instru-mentalteil	*Die Kinder klatschen am Platz oder tanzen zu zweit oder mit mehr Kindern.*
Outro	4 Takte	Abschlussteil	*Am Platz drehen*

Tanzchoreografie ab 1,5 Jahre

Das Lied wird gesungen und getanzt. Der Kreistanz ist dabei eine große Herausforderung für die Kleinen. Aber es lohnt sich, ihn zu probieren!

Aus der Praxis

Manchmal möchten sich die Kleinsten nicht anfassen und laufen dann einfach ohne Handfassung mit.

TEILE	TAKTE	TEXT	TANZSPIELIDEE
A-Teil	6 Takte	Unsre Katz heißt Mohrle, hat ein schwarzes Ohrle, hat ein schwarzes Fell.	*Im Kreis rechts gegen den Uhrzeigersinn laufen*
B-Teil	4 Takte	Und wenn es was zu schlecken gibt, dann ist sie gleich zur Stell'.	*In die Mitte gehen*
A-Teil	6 Takte	Unsre Katz heißt Mohrle, hat ein schwarzes Ohrle, Augen, die sind grün.	*Im Kreis rechts gegen den Uhrzeigersinn laufen*
B-Teil	4 Takte	Und wenn es abends dunkel wird, dann fang' sie an zu glühn.	*In die Mitte gehen*
A-Teil	6 Takte	Unsre Katz heißt Mohrle, hat ein schwarzes Ohrle, Pfötchen, die sind weich.	*Im Kreis rechts gegen den Uhrzeigersinn laufen*
B-Teil	4 Takte	Und wenn Du nachts im Schlafe liegst, dann schnurrt sie durch ihr Reich.	*In die Mitte gehen*

Tanzchoreografie ab 2,5 Jahre

In dieser etwas komplexeren Choreografie sind noch ein paar kleine Zwischenteile eingebaut, die die Kinder zum gemeinsamen Tanzen als Paar animieren. Ansonsten ist es wieder ein klassischer Kreistanz.

TEILE	TAKTE	TEXT	TANZSPIELIDEE
Intro	4 Takte		*Am Platz stampfen*
A-Teil	6 Takte	Unsre Katz heißt Mohrle, hat ein schwarzes Ohrle, hat ein schwarzes Fell.	*Im Kreis rechts gegen den Uhrzeigersinn laufen*
B-Teil	4 Takte	Und wenn es was zu schlecken gibt, dann ist sie gleich zur Stell'.	*In die Mitte gehen und wieder zurück*
Zwischenteil	12 Takte	Strophe als Instrumentalteil	*Im Kreis links im Uhrzeigersinn laufen*
A-Teil	6 Takte	Unsre Katz heißt Mohrle, hat ein schwarzes Ohrle, Augen, die sind grün	*Im Kreis rechts gegen den Uhrzeigersinn laufen*
B-Teil	4 Takte	Und wenn es abends dunkel wird, dann fang' sie an zu glühn.	*In die Mitte gehen und wieder zurück*
Zwischenteil	8 Takte	Instrumentalteil	*Die Kinder schleichen umher*
A-Teil	6 Takte	Unsre Katz heißt Mohrle, hat ein schwarzes Ohrle, Pfötchen, die sind weich.	*Im Kreis links gegen den Uhrzeigersinn laufen*
B-Teil	4 Takte	Und wenn Du nachts im Schlafe liegst, dann schnurrt sie durch ihr Reich.	*In die Mitte gehen und wieder zurück*
Zwischenteil	10 Takte	Strophe als Instrumentalteil	*Die Kinder tanzen frei im Raum.*
Abschluss	2 Takte		*Die Kinder stampfen und legen sich dann hin.*

3

Tanzchoreografie ab 4 Jahre

Diese Version wird ergänzt durch ein Klatschspiel im Zwischenteil. Hier wird ein wenig Übung gebraucht, die sich lohnt. Die Kinder lieben ja Herausforderungen!

Ich lasse es die Kinder zunächst alleine in der offenen Bewegung im Raum ausprobieren.

TEILE	TAKTE	TEXT	BEWEGUNGS-IDEE
Intro	4 Takte		*Am Platz stampfen*
A-Teil	6 Takte	Unsre Katz heißt Mohrle, hat ein schwarzes Ohrle, hat ein schwarzes Fell.	*Im Kreis rechts gegen den Uhrzeigersinn laufen*
B-Teil	4 Takte	Und wenn es was zu schlecken gibt, dann ist sie gleich zur Stell'.	*In die Mitte gehen und wieder zurück*
Zwischenteil	12 Takte	Strophe als Instrumentalteil	*Sich dem Partner neben sich zuwenden (sollte vorher schon ausgemacht sein) und zweimal in die Hände des anderen klatschen. Das wiederholt sich dreimal.* *Am Schluss mit dem Partner gemeinsam im Kreis drehen.*
Rhythmuszeile: 1 und 2 und 3 **und** **4**			
A-Teil	6 Takte	Unsre Katz heißt Mohrle, hat ein schwarzes Ohrle, Augen, die sind grün.	*Im Kreis rechts gegen den Uhrzeigersinn laufen*

TEILE	TAKTE	TEXT	BEWEGUNGS-IDEE
B-Teil	4 Takte	Und wenn es abends dunkel wird, dann fang' sie an zu glühn.	*In die Mitte gehen und wieder zurück*
Zwischenteil	8 Takte	Instrumentalteil	*Die Kinder schleichen umher.*
A-Teil	6 Takte	Unsre Katz heißt Mohrle, hat ein schwarzes Ohrle, Pfötchen, die sind weich.	*Im Kreis links gegen den Uhrzeigersinn laufen*
B-Teil	4 Takte	Und wenn Du nachts im Schlafe liegst, dann schnurrt sie durch ihr Reich.	*In die Mitte gehen und wieder zurück*
Zwischenteil	10 Takte	Strophe als Instrumentalteil	*Sich dem Partner neben sich zuwenden (sollte vorher schon ausgemacht sein) und zweimal in die Hände des anderen klatschen. Das wiederholt sich dreimal. Am Schluss mit dem Partner gemeinsam im Kreis drehen.*
Rhythmuszeile: 1 und 2 und 3 ***und*** **4**			
Abschluss	2 Takte		*Die Kinder stampfen und ducken sich zum Schluss gemeinsam.*

Instrumentalspiel ab 6 Monaten

Alle Kinder nehmen sich je zwei Rasseln aus einem Korb oder sie werden ihnen in die Hand gegeben.

TEILE	TAKTE	TEXT	INSTRUMENTAL-SPIELIDEE
A-Teil	6 Takte	Unsre Katz heißt Mohrle, hat ein schwarzes Ohrle, hat ein schwarzes Fell.	*Im Grundschlag rasseln*
B-Teil	4 Takte	Und wenn es was zu schlecken gibt, dann ist sie gleich zur Stell'.	*Schnelles Rasseln*
A-Teil	6 Takte	Unsre Katz heißt Mohrle, hat ein schwarzes Ohrle, Augen, die sind grün.	*Im Grundschlag rasseln*
B-Teil	4 Takte	Und wenn es abends dunkel wird, dann fang' sie an zu glühn.	*Schnelles Rasseln*
A-Teil	6 Takte	Unsre Katz heißt Mohrle, hat ein schwarzes Ohrle, Pfötchen, die sind weich.	*Im Grundschlag rasseln*
B-Teil	4 Takte	Und wenn Du nachts im Schlafe liegst, dann schnurrt sie durch ihr Reich.	*Schnelles Rasseln*

Es kann sich auch für jede Strophe ein andere Spieltechnik ausgedacht werden. Beispiele dazu sind:

1. Strophe: In der Luft rasseln
2. Strophe: Aneinander rasseln
3. Strophe: Auf den Boden klopfen

Aus der Praxis

Bei sehr kleinen Kindern empfehlen sich zarte, leichte Rasseln. Sie sind vom Klang her für das empfindliche Ohr angenehmer und die Kinder verletzen sich nicht, wenn die Rasseln ihnen aus der Hand fallen.

Damit die Kinder die Rasseln ohne Probleme in den Mund nehmen können, empfehlen sich Holzrasseln von geprüfter Qualität.

Instrumentalspiel ab 1,5 Jahre

Alle Kinder bekommen Klanghölzer aus einem Korb:
Wie im Instrumentalspiel mit den Rasseln kann in den Strophen im Grundschlag auf verschiedene Weise geklopft und im B-Teil der Strophe schnell geklopft werden und mit Zwischenspielen ergänzt.

Aus der Praxis

In Zwischenspielen mit kleinen Effekten wird das Lied noch interessanter gestaltet. Die Aufmerksamkeit der Kinder bleibt erhalten, da sie sich intensiver in den Inhalt des Liedes einfühlen. Sprachlich werden die Kinder hier herausgefordert und der Wortschatz erweitert sich.

Einstimmung ohne Singen	Mit den Hölzern eine Tür darstellen. Hölzer senkrecht auf- und zuklappen. Optional quietschen. Mohrle kommt durch die imaginäre Tür. Das Lied beginnt.

TEILE	TAKTE	TEXT	INSTRUMENTAL-SPIELIDEE
A-Teil	6 Takte	Unsre Katz heißt Mohrle, hat ein schwarzes Ohrle, hat ein schwarzes Fell.	*Im Grundschlag die Klanghölzer aufeinander klopfen*
B-Teil	4 Takte	Und wenn es was zu schlecken gibt, dann ist sie gleich zur Stell'.	*Schnelles Klopfen*

TEILE	TAKTE	TEXT	INSTRUMENTAL-SPIELIDEE
Zwischen-spiel		ohne Singen	*Hölzer als Schnurr-haare „anhalten“ und miauen*
A-Teil	6 Takte	Unsre Katz heißt Mohrle, hat ein schwarzes Ohrle, Augen, die sind grün.	*Im Grundschlag die Klanghölzer anein-andertippen*
B-Teil	4 Takte	Und wenn es abends dunkel wird, dann fang' sie an zu glühn.	*Schnelles Tippen*
Zwischen-spiel		ohne Singen	*Hölzer als Schnurr-haare „anhalten“ und miauen*
A-Teil	6 Takte	Unsre Katz heißt Mohrle, hat ein schwarzes Ohrle, Pfötchen, die sind weich.	*Im Grundschlag die Klanghölzer vor dem Körper rollen*
B-Teil	4 Takte	Und wenn Du nachts im Schlafe liegst, dann schnurrt sie durch ihr Reich.	*Schnelles Rollen*
Abschluss		Die „Tür“ geht wieder zu, Hölzer senk-recht halten und wieder zuklappen. „Die Kätzchen legen sich schlafen.“	

Instrumentalspiel von 1–6 Jahren (altersgemischt)

Die Kinder können sich für jede Strophe ein Instrument wählen. So gibt es die drei Instrumentalgruppen: Rasseln, Klanghölzer und Glöckchen. Die Strophen werden jeweils wiederholt, so können dann immer alle Instrumente zusammen spielen und die Kinder müssen nicht so lange warten.

Aus der Praxis

Ich lege drei Kisten mit den Instrumenten in die Mitte und die Kinder suchen sich eines nach Belieben aus. Es ist nicht wichtig, dass die Instrumente gleichmäßig verteilt sind. Es sollten also für alle Instrumente da sein. Bei Lust und Laune kann auch noch einmal getauscht werden. Manchmal sind es z. B. beim ersten Mal dann viele Kinder mit Glöckchen und nur ein Kind mit Klanghölzern. Das ist dann wie ein kleines Solospiel. Beim Tausch ist das Instrumentarium in der Regel wieder ganz anders verteilt.

Wichtig ist für die Selbstwirksamkeit letztendlich immer das eigene Tun!

TEILE	TAKTE	TEXT	INSTRUMENTAL-SPIELIDEE
A-Teil	6 Takte	Unsre Katz heißt Mohrle, hat ein schwarzes Ohrle, hat ein schwarzes Fell.	*Mit den Rasseln spielen*
B-Teil	4 Takte	Und wenn es was zu schlecken gibt, dann ist sie gleich zur Stell'.	*Schnelles Rasselspiel*
Zwischenspiel		Mit Wiederholung der Strophe oder auf Lalala ...	*Alle Instrumente begleiten gemeinsam*
A-Teil	6 Takte	Unsre Katz heißt Mohrle, hat ein schwarzes Ohrle, Augen, die sind grün.	*Die Klanghölzer spielen*
B-Teil	4 Takte	Und wenn es abends dunkel wird, dann fang' sie an zu glühn.	*Schnelles Klanghölzerspiel*
Zwischenspiel		Mit Wiederholung der Strophe oder auf Lalala ...	*Alle Instrumente begleiten gemeinsam*

TEILE	TAKTE	TEXT	INSTRUMENTAL-SPIELIDEE
A-Teil	6 Takte	Unsre Katz heißt Mohrle, hat ein schwarzes Ohrle, Pfötchen, die sind weich.	*Mit den Glöckchen spielen*
B-Teil	4 Takte	Und wenn Du nachts im Schlafe liegst, dann schnurrt sie durch ihr Reich.	*Schnelles Glöckchenspiel*
Zwischenspiel		Mit Wiederholung der Strophe oder auf Lalala ...	*Alle Instrumente begleiten gemeinsam.*

Massagespiel ab 6 Monaten

Das Lied eignet sich für ein kleines Massagespiel. Die pädagogische Fachkraft massiert in der Regel ein bis zwei Kinder. Sind die Kinder älter, können sie sich auch gegenseitig massieren.

TEILE	TAKTE	TEXT	MASSAGEGRIFFE
A-Teil	6 Takte	Unsre Katz heißt Mohrle, hat ein schwarzes Ohrle, hat ein schwarzes Fell.	*Über den Körper/Rücken mit kreisenden Bewegungen streichen*
B-Teil	4 Takte	Und wenn es was zu schlecken gibt, dann ist sie gleich zur Stell'.	*Mit den Fingerspitzen auf dem Körper/Rücken tippeln*
A-Teil	6 Takte	Unsre Katz heißt Mohrle, hat ein schwarzes Ohrle, Augen, die sind grün.	*Sanftes Kneten auf dem Körper/Rücken*
B-Teil	4 Takte	Und wenn es abends dunkel wird, dann fang' sie an zu glühn.	*Mit der flachen Hand auf dem Körper/Rücken klopfen*

TEILE	TAKTE	TEXT	MASSAGEGRIFFE
A-Teil	6 Takte	Unsre Katz heißt Mohrle, hat ein schwarzes Ohrle, Pfötchen, die sind weich.	*Sanftes Abstreichen nach außen*
B-Teil	4 Takte	Und wenn Du nachts im Schlafe liegst, dann schnurrt sie durch ihr Reich.	*Streicheln*

Empfehlung: Bei den Babys können auch noch andere Körperteile massiert werden. Die älteren Kinder legen sich gerne auf den Bauch oder setzten sich mit dem Rücken zum Partner.

3.4 Vers: Ein Katzenwortspiel

Von Jeannette Getrost

In dem Wortspiel verbirgt sich die Reimform in der Mitte und daher ist die Betonung außergewöhnlich.

Kleine Katzen

Kleine Katzen schleichen,
kleine Katzen streichen gern um deine Beine 'rum.

Kleine Katzen flitzen,
kleine Katzen spitzen gerne ihre kleinen Ohr'n.

Kleine Katzen fauchen,
kleine Katzen tauchen ihre Nasen gerne ein.

Kleine Katzen springen,
kleine Katzen bringen Freude in das ganze Haus.

Kleine Katzen schnurren,
kleine Katzen murren, manchmal wenn sie hungrig sind.

Kleine Katzen ruhen,
kleine Katzen suchen sich ein Kuscheleck.

Handgestenspiel ab 1 Jahr

Im Sitzkreis kann der Vers zunächst mit den Händen gespielt werden. Wichtig sind hier Ausdruck und Betonung. Nicht nur die vielen Verben fördern den Wortschatz, der Vers hat es auch sonst in sich. Die folgenden Ideen sind Anregungen, die Worte zu untermalen.

Aus der Praxis

Zusätzlich zu den Gesten macht es den Kindern sehr viel Freude, die Geräusche der Katzen wie fauchen, schnurren und murren nachzuahmen

VERS	HANDGESTENGESTALTUNG
Kleine Katzen schleichen, kleine Katzen streichen gern um deine Beine 'rum.	*Beide Hände machen schleichende Bewegungen und schlängeln um die eigenen Beine herum.*
Kleine Katzen flitzen, kleine Katzen spitzen gerne ihre kleinen Ohr'n.	*Beide Hände bewegen sich schnell,und werden dann an die Ohren gelegt.* *Eine Pause zum Lauschen baut Spannung auf.*
Kleine Katzen fauchen, kleine Katzen tauchen ihre Nasen gerne ein.	*Die Hände bewegen sich abwechselnd, als würden die Katzen die Krallen ausfahren.* *Eine Hand fasst sich an die Nase und streicht sie an der Spitze aus.*
Kleine Katzen springen, kleine Katzen bringen Freude in das ganze Haus.	*Die Hände bewegen sich sehr schnell.* *Die Hände reiben aneinander.*
Kleine Katzen schnurren, kleine Katzen murren, manchmal wenn sie hungrig sind.	*Die Arme werden mit den Händen abwechselnd ausgestrichen.* *Ein „murrende Geste“ und die Hand streicht über den Bauch als hungrige Geste.*
Kleine Katzen ruhen, kleine Katzen suchen sich ein Kuscheleck.	*Der Kopf legt sich auf die Arme. Ausruhende Geste zum Abschluss*

Als Klanggeschichte ab 2,5 Jahre

Ist der Vers bekannt und die Kinder älter, kann er mit Instrumenten verklanglicht werden.

Die Instrumente sind als Vorschläge zu verstehen und können nach Etat und eigenen Ideen ausgetauscht werden.

Sie werden zunächst von der pädagogischen Fachkraft ausgesucht und der Vers wird von ihr vorgespielt.

Dann legt sie die Instrumente vor sich hin und die Kinder können sich ein Instrument aussuchen. Im Anschluss wird die Geschichte je nach Kinderanzahl wiederholt.

Sind von allen Instrumenten mehrere vorhanden, kann jedes Kind ein Instrument nehmen und es kann getauscht werden.

Aus der Praxis

Es ist für die Kinder hilfreich, wenn sie vorher erfahren, wie oft die Geschichte gespielt wird. In der Praxis haben sich maximal drei bis vier Wiederholungen bewährt, bevor die Kinder unruhig werden. Das bedeutet aber womöglich, dass nicht jedes Kind jedes Instrument bekommt.

Zum Abschluss kann darauf hingewiesen werden, dass die Geschichte das nächste Mal wieder gespielt wird, sodass man dann auch sein Wunschinstrument bekommt.

VERS	INSTRUMENT UND SPIELWEISE
Kleine Katzen schleichen, kleine Katzen streichen gern um deine Beine ’rum.	*Rührtrommel – mit einem Holzschlägel rühren*
Kleine Katzen flitzen, kleine Katzen spitzen gerne ihre kleinen Ohr’n.	*Rasseln – schnell spielen*
Kleine Katzen fauchen, kleine Katzen tauchen ihre Nasen gerne ein.	*Guiro – mit einem Holzstab reiben*
Kleine Katzen springen, kleine Katzen bringen Freude in das ganze Haus.	*Klanghölzer – aneinanderklopfen*

VERS	INSTRUMENT UND SPIELWEISE
Kleine Katzen schnurren, kleine Katzen murren, manchmal wenn sie hungrig sind.	*Zimbeln – zart spielen* *Stärker aneinanderschlagen*
Kleine Katzen ruhen, kleine Katzen suchen sich ein Kuscheleck.	*Glockenspiel – freies Spiel, zum Schluss leiser werden*

3.5 Klanggeschichte: Katzen

Arrangement: Klaus Getrost

Die atmosphärisch arrangierte Klanggeschichte greift die Bewegungen der Katzen auf: Das Strecken beim Erwachen, der Katzenbuckel, das Gehen im Raum, das Jagen, das Fauchen und Spielen mit anderen Katzen sowie das Putzen.

In der Musik hört man die Katzen miauen und schnurren.

Die Geschichte schult das Körperbewusstsein durch die starke Intensität in den Bewegungsabläufen.

Katzen schleichen

Bewegungsgeschichte ab 2 Jahre

TEILE	TAKTE	BEWEGUNGSIDEE
Intro Gitarre	1 Takt	*Kinder liegen am Boden.*
A-Teil	4 Takte	*Katzen wachen auf:* *Kinder strecken sich.*
B-Teil	8 Takte	*Katzen stolzieren umher:* *Kinder können auf allen Vieren laufen – Kopf nach oben.*
C-Teil	8 Takte	*Katzen spielen:* *Kinder können immer noch im Vierfüßlerstand im Raum umherlaufen – nun etwas schneller.*
D-Teil	16 Takte	*Katzen flitzen:* *Kinder flitzen nun auch auf zwei Beinen. Alternativ können die Kinder nun im Kreis gemeinsam tanzen (Idee von Manuela Feiertag).*
E-Teil	8 Takte	*Katzen fauchen:* *Die Kinder fauchen und bewegen ihre Hände zu einem Partner und fauchen sich gegenseitig an.*
A-Teil	6 Takte	*Katzen ruhen sich aus:* *Die Kinder legen sich wieder hin und streicheln sich gegenseitig oder auch sich selbst, das Putzen der Katzen wird damit imitiert.*

Aus der Praxis

Diese Geschichte ist in all meinen Gruppen, egal welchen Alters, sehr beliebt. Katzen und ihre Bewegungen sind den Kindern bekannt. Mit Freude und Lust am Spiel wollen sie diese Geschichte immer wieder hören.

3

3.6 Klanggeschichte: Raubtiere

Arrangement: Klaus Getrost

Die Raubtiergeschichte entstand aus dem Wunsch der Kinder, wilde Tiere nachzumachen. Wann immer ich sie frage, was sie gerne sein möchten, antworten sie mit: „Tiger, Löwen, Dinosaurier usw.“ Es kann nicht wild und gefährlich genug sein und sie lieben es, zu fauchen und mit den Händen Krallen zu formen. Diesem Wunsch bin ich mit der Geschichte nachgekommen und es ist tatsächlich eine der Top-Favoriten. Viele Ideen sind entstanden.

Einstimmung

Die Bilder der Tiere zu zeigen, regt die Fantasie und das Gespräch an.

Zeichnungen von Lara Feiertag

Handgestenspiel ab 1 Jahr

Auch für die Kleinsten können mit der Musik die Tiere mit den Fingern und Händen zum Leben erweckt werden.

TEILE	TAKTE	SPIELIDEE MIT DEN HÄNDEN
Intro	2 Takte	
Schlange	5 Takte	*Eine Hand schlängelt sich.*
Krokodil	8 Takte	*Die Hände klappen auf und zu.*
Tiger	4 Takte	*Beide Hände bewegen sich langsam abwechselnd und schleichend.*
Tiger jagt	6 Takte	*Abwechselnd auf die Oberschenkel trommeln*
Spinne huscht	6 Takte/ Wechsel von $^2/_4$- zu $^4/_4$-Takt	*Die Finger bewegen sich langsam auf dem Boden.*
Adler	8 Takte	*Die Hände formen sich zu einem Vogel und „fliegen“.*

Tigerkrallen

Bewegungsspiel ab 2 Jahre

Auch wenn die Tiere den Kindern noch nicht alle bekannt sind, die Bewegungen sind ihnen vertraut und die Körperteile werden differenziert erprobt.

TIERGESTALT	TAKTE	INSTRUMENT
Intro		
Schlange	5 Takte	*Die Kinder schlängeln sich zischend am Boden.*
Krokodil	8 Takte	*Die Kinder liegen auf der Lauer und klappen die Hände auf und zu, dann schnelle Bewegungen durch den Raum.*
Tiger	4 Takte	*Die Kinder rekeln sich und laufen umher.*
Tiger jagt	6 Takte	*Die Kinder flitzen im Vierfüßlerstand.*
Spinne huscht	6 Takte/ Wechsel von $^{2}/_{4}$- zu $^{4}/_{4}$-Takt	*Die Kinder bewegen sich im Krebsgang auf allen Vieren.*
Adler	8 Takte	*Die Kinder bewegen sich mit ausgebreiteten Armen im Raum und fliegen.*

Instrumentalspiel ab 3 Jahre

Wir haben nun die Tiere kennengelernt. Wie ist es im Dschungel? Wie riecht er? Wie klingt er? Die Instrumente können zur Musik gespielt werden. Zur Erprobung der Instrumente kann man sich eine kleine Dschungelgeschichte ausdenken, in der alle Tiere vorkommen.

TIERGESTALT	TAKTE	INSTRUMENT
Intro	2 Takte	
Schlange	5 Takte	*Guiros*
Krokodil	8 Takte	*Kastagnetten*
Tiger	4 Takte	*Trommeln*

TIERGESTALT	TAKTE	INSTRUMENT
Tiger jagt	6 Takte	*Trommeln schneller spielen*
Spinne huscht	6 Takte/ Wechsel von 2/4- zu 4/4-Takt	*Glockenspiel*
Adler	8 Takte	*Zimbeln*

Nach dem Ende der Musik spielen alle Instrumente zusammen –der Dschungel klingt und lebt. Zum Abschluss des Instrumentalspiels können alle schlafen gehen – nacheinander oder zusammen – je nach Lust und Laune.

Dschungelmassage ab 4 Jahre

Die Kinder liegen entspannt auf einer Matte und die Tiere werden auf ihrem Rücken gespielt. Ein Kind massiert, das andere genießt.
Die soziale Kompetenz wird hier auf besondere Weise geschult. Empathie und Feingefühl sind gefragt. Was braucht der andere? Wie viel Druck kann ich geben, wann muss ich vorsichtig sein?

TIERGESTALT	TAKTE	INSTRUMENT
Intro	2 Takte	
Schlange	5 Takte	*Auf dem Rücken kreisende Bewegungen*
Krokodil	8 Takte	*Die Schultern kneten, dann den gesamten Rücken*
Tiger	4 Takte	*Vorsichtig den Rücken abklopfen*
Tiger jagt	6 Takte	*Den gesamten Rücken mit der flachen Hand abklopfen*
Spinne huscht	6 Takte/ Wechsel von 2/4- zu 4/4-Takt	*Mit den Fingerspitzen den Rücken entlangkrabbeln*
Adler	8 Takte	*Den Rücken langsam ausstreichen*

3.7 Lied: Die Affen rasen durch den Wald

Das Lied wurde in den 50er-Jahren gesichtet, der Entstehungszeitpunkt und der Autor oder die Autorin ist unbekannt.

Wir bleiben im Dschungel und treffen die Affenfamilie. Die Kokosnuss spielt dabei eine tragende Rolle. Kokosnüsse können als Instrumente verwendet werden, alternativ werden Klanghölzer eingesetzt.

Zunächst aber tanzen die Affen im Raum und treffen sich im Refrain zu zweit oder zu mehreren zum gemeinsamen Tanzen.

© 1996–2021 Alojado Publishing, visdpr@alojado.de (Arrangement: Klaus Getrost)

Das Originallied hat acht Strophen.
Wir haben fünf Strophen ausgewählt.

Text:

1. Die Affen rasen durch den Wald,
der eine macht den andern kalt.
Die ganze Affenbande brüllt:
Wo ist die Kokosnuss? Wo ist die Kokosnuss?
Wer hat die Kokosnuss geklaut?

2. Die Affenmama sitzt am Fluss
und angelt nach der Kokosnuss.
Die ganze Affenbande brüllt:
Wo ist die Kokosnuss? Wo ist die Kokosnuss?
Wer hat die Kokosnuss geklaut?

3. Die Affentante kommt von fern,
sie isst die Kokosnuss so gern.
Die ganze Affenbande brüllt:
Wo ist die Kokosnuss? Wo ist die Kokosnuss?
Wer hat die Kokosnuss geklaut?

4. Das Affenbaby voll Genuss,
hält in der Hand die Kokosnuss.
Die ganze Affenbande brüllt:
Wo ist die Kokosnuss? Wo ist die Kokosnuss?
Wer hat die Kokosnuss geklaut?

5. Die Affenoma ruft „Hurra"!
Die Kokosnuss ist wieder da.
Die ganze Affenbande brüllt:
Wo ist die Kokosnuss? Wo ist die Kokosnuss?
Wer hat die Kokosnuss geklaut?

Kleine Stimmübung

Affen lieben es, von Baum zu Baum zu klettern. Wir machen es nach und greifen mit den Armen imaginär von Ast zu Ast. Das können wir im ganzen Raum probieren. Überall stehen Bäume!

Hintergrund: Die Flanken werden gestreckt, dass schafft Platz zum Atmen im unteren Rückenbereich. Die Atmung geht tiefer und die Stimme kann sich im ganzen Körper „ausbreiten". Ganz nebenbei wird die Muskulatur gekräftigt.

Bewegung für die Kleinsten

In den Strophen im Raum umhergehen.
Im Refrain am Platz stehen.

TEILE	TEXT	BEWEGUNGS-IDEE
A-Teil	Die Affen rasen durch den Wald. der eine macht den andern kalt. Die ganze Affenbande brüllt:	*Durch den Raum gehen*
Refrain	Wo ist die Kokosnuss? Wo ist die Kokosnuss? Wer hat die Kokosnuss geklaut?	*Am Platz in die Hände klatschen*
A-Teil	Die Affenmama sitzt am Fluss und angelt nach der Kokosnuss, Die ganze Affenbande brüllt:	*Durch den Raum gehen*
Refrain	Wo ist die Kokosnuss? Wo ist die Kokosnuss? Wer hat die Kokosnuss geklaut?	*Am Platz mit den Füßen stampfen*
A-Teil	Die Affentante kommt von fern, sie isst die Kokosnuss so gern. Die ganze Affenbande brüllt:	*Durch den Raum gehen*

Für die weiteren Strophen können folgende Bewegungen ausgeführt werden:

* Mit den Fingern tippen
* Sich um sich selbst drehen
* Sich zusammen mit einem anderen Kind drehen

Kreistanz ab 3 Jahre

In den Strophen im Raum umhergehen.
Im Refrain einen Partner oder mehrere suchen und gemeinsam tanzen.

TEILE	TEXT	BEWEGUNGS-IDEE
A-Teil	Die Affen rasen durch den Wald. der eine macht den andern kalt. Die ganze Affenbande brüllt:	*Durch den Raum gehen*
Refrain	Wo ist die Kokosnuss? Wo ist die Kokosnuss? Wer hat die Kokosnuss geklaut?	*Sich ein Kind oder mehrere Kinder zum Tanzen suchen*
A-Teil	Die Affenmama sitzt am Fluss und angelt nach der Kokosnuss, Die ganze Affenbande brüllt:	*Durch den Raum gehen*
Refrain	Wo ist die Kokosnuss? Wo ist die Kokosnuss? Wer hat die Kokosnuss geklaut?	*Sich ein Kind oder mehrere Kinder zum Tanzen suchen*
A-Teil	Die Affentante kommt von fern, sie isst die Kokosnuss so gern. Die ganze Affenbande brüllt:	*Durch den Raum gehen*

Und so weiter in den folgenden Strophen.

Aus der Praxis

Diese Bewegungsidee ist für die Kinder insbesondere in den altersgemischten Gruppen ungebrochen die Lieblingsvariante.

Instrumentalspiel ab 3 Jahre

Die Kinder sitzen am Platz, Instrumente wie Kokosnüsse oder/und Klanghölzer kommen zum Einsatz.

Es reichen ein paar Kokosnüsse oder Klanghölzer, die dann Strophe für Strophe an die nächsten Kinder weitergereicht werden.

TEILE	TEXT	BEWEGUNGSIDEE
A-Teil	Die **Aff**en **ra**sen **du**rch den **W**ald. Der **ei**ne **ma**cht den **an**dern **ka**lt. Die **ga**nze **Af**fenbande **br**üllt:	*Die Hölzer oder Kokosnüsse im Grundschlag auf dem Schwerpunkt aneinanderklopfen*
Refrain	Wo ist die Kokosnuss? Wo ist die Kokosnuss? Wer hat die Kokosnuss geklaut?	*Die Hölzer oder Kokosnüsse im Grundschlag schnell aneinanderklopfen*
A-Teil	Die **Aff**en **ra**sen **du**rch den **W**ald. Der **ei**ne **ma**cht den **an**dern **ka**lt. Die **ga**nze **Af**fenbande **br**üllt:	*Die Hölzer oder Kokosnüsse im Grundschlag auf dem Schwerpunkt aneinandertippen*
Refrain	Wo ist die Kokosnuss? Wo ist die Kokosnuss? Wer hat die Kokosnuss geklaut?	*Die Hölzer oder Kokosnüsse im Grundschlag schnell aneinandertippen*

TEILE	TEXT	BEWEGUNGS-IDEE
A-Teil	Die **Aff**en**ma**ma **si**tzt am **Fl**uss und **an**gelt **na**ch der **Ko**kos**nu**ss, Die ganze **Aff**enbande **br**üllt:	*Die Hölzer oder Kokosnüsse im Grundschlag auf dem Schwerpunkt aneinander auf den Boden klopfen*
Refrain	Wo ist die Kokosnuss? Wo ist die Kokosnuss? Wer hat die Kokosnuss geklaut?	*Die Hölzer oder Kokosnüsse im Grundschlag schnell auf den Boden klopfen*

Instrumentalspiel ab 4 Jahre

Eine weitere Idee für die älteren Kinder ist die Mischung von Holz- und Schüttelinstrumenten.

TEILE	TEXT	BEWEGUNGS-IDEE
A-Teil	Die Affen rasen durch den Wald, der eine macht den andern kalt. Die ganze Affenbande brüllt:	*Holzinstrumente spielen*
Refrain	Wo ist die Kokosnuss? Wo ist die Kokosnuss? Wer hat die Kokosnuss geklaut?	*Schüttelinstrumente spielen*

Und so weiter in den folgenden Strophen.

EIGENE NOTIZEN

Durch die Jahreszeiten

Die Veränderungen der Jahreszeiten sind jedes Jahr aufs Neue faszinierend und spannend zu beobachten. Mit Liedern, Spielen, Tänzen und Naturmaterialien kann man diese Zeiten aktiv begleiten und intensiv mit allen Sinnen erleben.

Jede Jahreszeit hat ihre Besonderheit und hält im Folgenden viele Spielideen bereit. Der Winter endet mit der Weihnachtszeit.

Im Überblick

Frühling

Gedicht:	Frühling
Klanggeschichte:	Vogelkinder
Lied:	Alle Vögel sind schon da
Lied:	Kuckuck rufts aus dem Wald

Sommer

Tanzlied:	Im Sommer, wenn es warm ist
Klanggeschichte:	Tiere am Teich
Lied:	Heut' ist ein Fest

Herbst

Lied:	Bunt sind schon die Wälder
Klanggeschichte:	Drachen
Vers:	Zwei verspielte Kastanien

Winter

Lied:	Eine Woche voller Schnee
Klanggeschichte:	Schneeflockentanz
Stimmbildungsgeschichte:	Die Weihnachtswichtel
Klanggeschichte:	Der tanzende Weihnachtsbaum

4.1 Ideen Frühlingszeit

Wir starten den Frühling mit einem Gedicht. Mit einem traditionellen Lied von Heinrich Hoffmann besingen wir dann alle Vögel, die aus dem Süden zurückkehren oder im Frühling wieder lauter zu hören sind.

Es geht weiter mit einem musikalischen Vogeltanz. Die Kinder lieben es, durch den Raum zu fliegen und schlüpfen dabei in die Rollen Vogelmama, Vogelpapa und Vogelkind.

Zum Abschluss widmen wir uns dem Kuckuck, der nicht nur seinen eigenen Namen singt, sondern auch musikalisch eine besondere Herausforderung darstellt. Die Kinder lernen die Rufterz näher kennen.

4.1.1 Gedicht: Frühling wird es bald

Von Jeannette Getrost

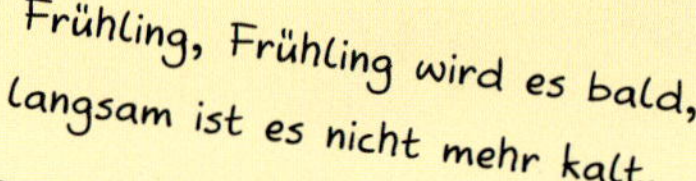

Frühling wird es bald

Frühling, Frühling wird es bald,
langsam ist es nicht mehr kalt.

Der letzte Schnee ist weggetaut,
schon früher jetzt der Morgen graut.

Gras und Blümchen wachsen sacht,
aus der Erde über Nacht.

Die Tiere wachen fröhlich auf,
die Frühlingszeit nimmt ihren Lauf.

Frühling, Frühling wird es bald,
langsam ist es nicht mehr kalt.

Fingerspiel für Klein bis Groß

TEXT	FINGERSPIELIDEE
Frühling, Frühling wird es bald,	*Hände winken zu sich*
langsam ist es nicht mehr kalt.	*Sich umarmen*
Der letzte Schnee ist weggetaut,	*Sich abklopfen*
schon früher jetzt der Morgen graut.	*Hände auf- und zu„blinken“*
Gras und Blümchen wachsen sacht, aus der Erde über Nacht.	*Finger von unten nach oben vor dem Körper krabbeln lassen (Evtl. wiederholen)*
Die Tiere wachen fröhlich auf,	*Schnell abwechselnd auf die Beine patschen*
die Frühlingszeit nimmt ihren Lauf.	Einen Kreis vor dem Körper beschreiben

Massage für die Kleinsten und ab 4 Jahre

Die pädagogischen Fachkräfte können die Kleinsten verwöhnen, die älteren Kinder können sich vielleicht schon gegenseitig massieren.

TEXT	FINGERSPIELIDEE
Frühling, Frühling wird es bald,	*Hände warmreiben*
langsam ist es nicht mehr kalt.	*Hände auf den Rücken legen*
Der letzte Schnee ist wegge-taut,	*Flache Hände leicht auf den Rücken klopfen*
schon früher jetzt der Morgen graut.	*Über den ganzen Rücken wie Sonnenstrahlen streichen*
Gras und Blümchen wachsen sacht, aus der Erde über Nacht.	*Von unten nach oben mit den Fingern tippeln* *Evtl. wiederholen*
Die Tiere wachen fröhlich auf,	*Hände hüpfen überall entlang*
die Frühlingszeit nimmt ihren Lauf.	*Kreisende Bewegungen*
die Frühlingszeit nimmt ihren Lauf.	Hände warmreiben
langsam ist es nicht mehr kalt.	Hände auf den Rücken legen

4.1.2 Lied: Alle Vögel sind schon da

Text: Heinrich Hoffmann von Fallersleben

Als kleiner Hinweis an dieser Stelle:

Die Vögel haben erst in der zweiten Strophe ihren Auftritt:

Text:

1. Alle Vögel sind schon da, alle Vögel alle.
   Welch ein Singen, Musizieren, Pfeifen, Zwitschern, Tirilieren.
   Frühling will nun einmaschiern, kommt mit Sang und Schalle.

2. Wie sie alle lustig sind, flink und froh sich regen.
   Amsel, Drossel, Fink und Star und die ganze Vogelschar
   wünschen dir ein frohes Jahr, lauter Heil und Segen.

3. Was sie uns verkünden nun, nehmen wir zu Herzen.
   Wir auch wollen lustig sein, lustig wie die Vögelein,
   hier und dort, feldein, feldaus, singen springen, scherzen.

Kleine Stimmübung

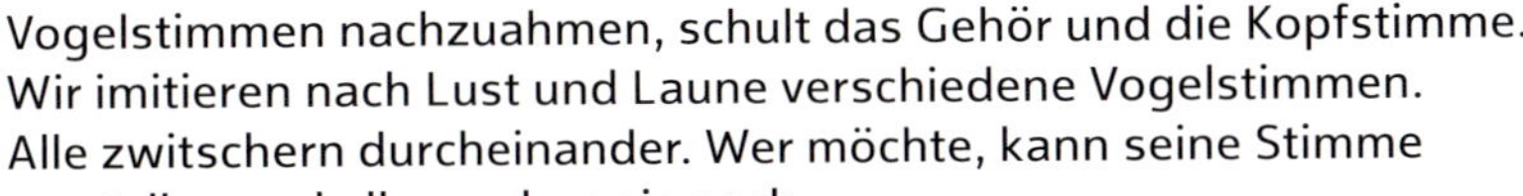

Vogelstimmen nachzuahmen, schult das Gehör und die Kopfstimme. Wir imitieren nach Lust und Laune verschiedene Vogelstimmen. Alle zwitschern durcheinander. Wer möchte, kann seine Stimme vorstellen und alle machen sie nach.
Eine vom Band gespielte Vogel-CD kann noch konkreter Auskunft über die Stimmen geben und diese können nach Herzenslust weiter ausprobiert werden.
Ein Ratespiel kann sich anschließen. Wer erkennt welche Vogelstimme?

Ebenso sind die Flugbewegungen für die Körperhaltung beim Singen hilfreich. Die aufrechte, bewegliche Haltung fördert die Öffnung des Brustraumes und das entspannte Singen.

Aus der Praxis

Ist die Struktur des Liedes klar, kann durch diese Erweiterung eine neue Herausforderung geschaffen werden. Die Kinder teilen das Lied in seine Strophen auf und müssen zur richtigen Zeit am richtigen Ort angekommen sein, um im Fluss des Liedes zu bleiben. Das stärkt die musikalische Kompetenz und steigert das Erfolgserlebnis.

Kreistanz ab 2,5 Jahre

TEILE	TEXT	TANZSPIELIDEE
Intro	Intro	
A-Teil	Alle Vögel sind schon da, alle Vögel alle.	*Rechts herum im Kreis*
B-Teil 1	Welch ein Singen, Musizieren,	*In die Mitte …*
B-Teil 2	Pfeifen, Zwitschern, Tirilieren.	*… und zurück*
A-Teil	Frühling will nun einmaschiern, kommt mit Sang und Schalle.	*Links herum im Kreis*
	Zwischenspiel	*Am Platz fliegen*

Wiederholung bei den anderen Strophen.

Instrumentalspiel ab 2 Jahre

Zwei unterschiedlich klingende Instrumentengruppen: Klanghölzer und Glöckchen

Die Strophen werden abwechselnd von den Instrumentengruppen gespielt. Die letzte Strophe spielen beide gemeinsam.

TEXT	INSTRUMENTAL-SPIELIDEE
1 Strophe: Alle Vögel sind schon da, alle Vögel alle. Welch ein Singen, Musizieren, Pfeifen, Zwitschern, Tirilieren. Frühling will nun einmaschiern, kommt mit Sang und Schalle.	*Begleitung Klanghölzer*
2. Strophe: Wie sie alle lustig sind, flink und froh sich regen. Amsel, Drossel, Fink und Star und die ganze Vogelschar, wünschen dir ein frohes Jahr, lauter Heil und Segen.	*Begleitung Glöckchen*
3. Strophe: Was sie uns verkünden nun, nehmen wir zu Herzen. Wir auch wollen lustig sein, lustig wie die Vögelein, hier und dort feldein, feldaus, singen, springen, scherzen.	*Begleitung Klanghölzer und Glöckchen*

Variante

Die Gruppen wechseln sich ab und spielen im B-Teil immer gemeinsam. Bei der Wiederholung fängt die andere Gruppe an, dann ist es ausgeglichen.

Instrumentalspiel[1] ab 4 Jahre

Material: Instrumente, drei Reifen, drei Tücher

Drei verschiedene Instrumentenarten liegen in je einem Reifen. Die Kinder suchen sich ihre Instrumentengruppe aus und nehmen ihr Instrument in die Hand.

* Im roten Reifen liegen Zimbeln.
* Im gelben Reifen liegen Hölzer.
* Im grünen Reifen liegen Rasseln.

Ein Kind ist der Dirigent und bekommt ein rotes, gelbes und grünes Tuch.

Die Kinder suchen sich ihre Instrumentengruppe aus und nehmen ihr Instrument in die Hand. Ein Kind ist der Dirigent.

Der Dirigent mit den Tüchern hält nun z. B. ein gelbes Tuch in die Luft. Die Gruppe mit den Hölzern spielt und singt das Lied.

Der Dirigent wechselt und hält ein rotes Tuch hoch. Die Zimbelkinder spielen und singen das Lied weiter.

Es können auch zwei oder alle Tücher hochgehalten werden, entsprechend singen und spielen zwei Gruppen oder alle gemeinsam.

Tanzspiel ab 4 Jahre

Material: Reifen (Tücher)

Jedes Kind bekommt einen Reifen, legt ihn nach einer kleinen Erprobungsphase auf den Boden und setzt sich hinein. Sie bauen sich ein Vogelnest.

TEILE	TEXT	BEWEGUNGSIDEE
A-Teil	*Alle Vögel sind schon da, alle Vögel alle*	*Kinder sitzen in ihrem Reifen und singen.*
B-Teil	*Welch ein Singen, Musizieren, Pfeifen, Zwitschern, Tirilieren.*	*Die Kinder fliegen los.*
A-Teil	*Frühling will nun einmaschiern, kommt mit Sang und Schalle.*	*Die Kinder fliegen wieder in ihr Nest zurück.*

Wiederholung in den nächsten beiden Strophen.

---

1 *Diese Spielidee ist von Miriam Berger und mit Genehmigung hier veröffentlicht.*

Die Kinder erkennen die Liedteile und die Struktur des Liedes. Anfang und Ende des Liedes haben die gleiche Struktur und ihre Handlung verdeutlicht das.

TIPP

Als Erweiterung können Tücher oder Glöckchensäckchen verwendet werden.

Instrumentalspiel ab 5 Jahre

Stühle oder Teppichfliesen dienen als Nester und stehen verteilt im Raum. Auf jedem Stuhl liegt ein Instrument.

TEILE	TEXT	BEWEGUNGSIDEE
Intro		*Die Kinder sitzen oder hocken auf ihren Stühlen und haben das jeweilige Instrument in der Hand.*
A-Teil	Alle Vögel sind schon da, alle Vögel alle.	*Die Kinder singen und spielen am Platz.*
B-Teil	Welch ein Singen, Musizieren, Pfeifen, Zwitschern, Tirilieren.	*Die Kinder fliegen mit dem Instrument los und singen das Lied weiter.*
A-Teil	Frühling will nun einmaschiern, kommt mit Sang und Schalle.	*Die Kinder fliegen wieder in ihr Nest zurück, spielen und singen am Platz.*
Zwischenspiel		*Die Kinder legen ihr Instrument auf den Platz und suchen sich fliegend einen Stuhl mit einem neuen Instrument.*

Wiederholung in jeder Strophe.
Jedes Kind hat am Schluss drei verschiedene Instrumente ausprobiert. Nach Lust und Laune kann das Ganze wiederholt werden.

4.1.3 Klanggeschichte: Vogelkinder

Arrangement: Klaus Getrost

Diese Geschichte greift das Lied „Alle Vögel sind schon da“ instrumental auf. Die zweiteilige Musik ist bereits für die Kleinsten sehr gut geeignet.

Bewegungsspiel ab 1 Jahr

TEILE	TEXT	BEWEGUNGSIDEE
Intro	6 Takte	*Die Kinder liegen verteilt im Raum in Schlafposition.*
A-Teil	6 Takte	*Sie stehen langsam auf, recken sich und breiten ihre Flügel aus und ...*
B-Teil	16 Takte	*... fliegen durch den Raum.*
C-Teil	8 Takte	*Die Kinder suchen sich einen Platz, hocken sich hin und flattern am Platz mit ihren Flügeln, starten wieder ...*
B-Teil	16 Takte	*... und fliegen durch den Raum.*
D-Teil	12 Takte	*Die Kinder suchen sich ein Plätzchen, schütteln ihre Federn und legen sich wieder schlafen.*

Rollenspiel ab 2,5 Jahre

Die Kinder sitzen immer zu zweit in einem Reifen. Ein Kind ist die Vogelmama oder der Vogelpapa und ein Kind spielt das Vogelkind.

Der Vogelelternteil fliegt zuerst und sucht einen Wurm für das Kind, bringt ihm diesen zurück. Das Vogelkind ist nun gestärkt und kann auch einen Flug ohne Mama oder Papa bewältigen.

Zum Schluss kehrt es zurück und beide ruhen sich aus.

TEILE	TEXT	SPIELIDEE
Intro	6 Takte	*Beide Kinder liegen im Reifen in Schlafposition.*
A-Teil	6 Takte	*Langsam reckt sich das Vogelelternteil und flattert mit den Flügeln. Das Kind breitet die Flügel aus und fliegt los.* *Es steht auf, verabschiedet sich von seinem Kind, breitet die Flügel aus und ...*
B-Teil	16 Takte	*... alle Vogeleltern fliegen durch den Raum.*
C-Teil	8 Takte	*Schnell fliegen sie zu ihrem Kind zurück und übergeben den Wurm. Das Vogelkind macht sich nun bereit und ...*
B-Teil	16 Takte	*... nun fliegen alle Vogelkinder durch den Raum.*
D-Teil	12 Takte	*Die Vogelkinder kehren zurück, werden begrüßt, sie schütteln ihre Federn und legen sich wieder schlafen.*

Danach werden die Rollen getauscht.
Das Spiel kann mit Tüchern erweitert werden. Jedes Kind bekommt dann ein bis zwei Tücher.

Rollenspiel mit Instrument ab 2,5 Jahre

TEILE	TEXT	INSTRUMENTALE BEWEGUNGSIDEE
Intro	6 Takte	*Vogelelternteil und Vogelkind liegen im Reifen in Schlafposition. Einer der beiden hat ein klingendes Instrument in der Hand.* *Das Kind ohne Instrument ist nun der Vogelelternteil.*
A-Teil	6 Takte	*Langsam reckt sich der Vogelelternteil und flattert mit den Flügeln.* *Er steht auf, verabschiedet sich von seinem Kind, breitet die Flügel aus und ...*

TEILE	TEXT	INSTRUMENTALE BEWEGUNGSIDEE
B-Teil	16 Takte	*... alle Vogeleltern fliegen durch den Raum. Die Kinder begleiten den Flug mit ihrem Instrument.*
C-Teil	8 Takte	*Schnell fliegen die Vogeleltern zu ihrem Kind zurück und übergeben den Wurm. Das Kind übergibt der Mama das Instrument und das Vogelkind macht sich nun bereit und ...*
B-Teil	16 Takte	*... nun fliegen alle Vogelkinder durch den Raum. Die Eltern begleiten das Spiel mit ihrem Instrument.*
D-Teil	12 Takte	*Die Vogelkinder kehren zurück, werden begrüßt. Sie schütteln ihre Federn und legen sich wieder schlafen.*

Aus der Praxis

Die Kinder lieben dieses Spiel und wollen die Rollen immer wieder tauschen. Da sie zur „richtigen Zeit" wieder in ihrem Nest sein müssen, um ihre hungrigen Vogelkinder zu füttern, werden soziale Kompetenzen wie Empathie und Verantwortungsbewusstsein gefördert. Ebenso gestärkt wird das Selbstvertrauen in die eigenen Fähigkeiten. Und ganz nebenbei erkennen die Kinder musikalische Strukturen.

Vogelkind wird gefüttert

4.1.4 Lied: Kuckuck, ruft’s aus dem Wald

Text: Heinrich Hoffmann von Fallersleben

Das Lied ist ein im ganzen deutschen Sprachraum bekanntes Lied und besingt den Frühlingsanfang im März.

Text:

Kuckuck, Kuckuck, ruft's aus dem Wald.
Lasset uns singen, tanzen und springen!
Frühling, Frühling wird es nun bald!

Kuckuck, Kuckuck, lässt nicht sein Schrein:
Komm in die Felder, Wiesen und Wälder!
Frühling, Frühling stelle dich ein!

Kuckuck, Kuckuck, trefflicher Held!
Was du gesungen, ist dir gelungen:
Winter, Winter räumet das Feld.

Kleine Stimmübung

Der Kuckuck mit seinem besonderen Ruf bietet sich perfekt zur Nachahmung an. In verschiedenen Lautstärken und Tonarten ahmen die Kinder die Stimme nach, am besten zunächst alle gleichzeitig.
Im Anschluss können sich immer zwei Kinder „unterhalten“, ein Kind singt, das andere antwortet in der gleichen Tonart.

Hintergrund: Hier wird insbesondere die Intonation[1] geübt. Ebenso lernen die Kinder ihre Stimmqualität kennen, das Imitieren regt die Fantasie und die Kreativität an.

Instrumentalspiel mit Klangbausteinen ab 3 Jahre

Die Klangbausteine a’ und fis’ werden von den Kindern zunächst abwechselnd gespielt. Die Kinder erinnern sich an ihre „Kuckucksrufe“ und „Unterhaltungen“ mit der Kuckucksterz und übertragen sie nun auf die Instrumente.

Aus der Praxis

Die Kinder können auch zu ihrem Spiel singen. Sie sollten aber nicht dazu aufgefordert werden, denn es steht bei den Kindern in der Regel nur eins von beiden – Spielen oder Singen – im Vordergrund. Die Kombination aus beidem kommt von ganz alleine hinzu.

Instrumentalspiel mit Klangbausteinen zum Lied ab 4 Jahre

Nach dem freien Spiel kann das Lied gesungen werden. Wird der Kuckuck gesungen, kann auch der Kuckuck gespielt werden. Evtl. singen alle Kinder das Lied und ein Kind spielt die Kuckucksterz auf den Klangbausteinen dazu. Dann wird gewechselt.

Instrumentalspiel mit Klangbausteinen zur CD ab 5 Jahre

Die älteren Kinder können das Lied zur CD mit den Klangbausteinen begleiten. Sie können die Kuckucksrufe und ebenso bei „Frühling, Frühling“ (1. und 2. Strophe) und „Winter, Winter“ (3. Strophe) die Terz mitspielen.
Als Vorübung können die Kinder zunächst mit der CD nur die Terzen singen. Danach wird es leichter, diese auf das Instrument zu übertragen.

---

1 Die Genauigkeit in der Tonhöhe

Instrumentalspiel ab 6 Jahre

Zu dem kleinen Orchesterspiel werden nun wieder die Klangbausteine und andere Orff-Instrumente verteilt.

TEXT	INSTRUMENTALSPIEL
Kuckuck, Kuckuck, ruft's aus dem Wald.	*Klangbausteine a' und fis' spielen abwechselnd.*
Lasset uns singen, tanzen und springen!	*Rasseln, Glöckchen, Hölzer, Guiros usw. spielen.*
Frühling, Frühling wird es nun bald!	*Klangbausteine a' und fis' spielen abwechselnd.*

So wird auch in den anderen Strophen verfahren. Tauschen der Instrumente nicht vergessen.

4.2 Ideen zur Sommerzeit

Im Sommer starten wir mit einem Tanz.
In der folgenden Klanggeschichte bewegen sich Tiere auf der Wiese.
Den Abschluss bildet ein Froschkanon, der trotz seiner lediglich vier Zeilen viele Spielideen bereithält.

4

4.2.1 Tanz: Im Sommer, wenn es warm ist

Musik: Klaus Getrost; Text: Jeannette Getrost

Text:

1. Im Sommer, wenn es warm ist, da möcht' ich tanzen gehn.
   Die Füße, die Füße können nicht mehr stille stehn.
   Refrain: Kommt lasst uns tanzen, tanzen im Kreis (2x)

2. Im Sommer, wenn es warm ist, woll'n Käfer krabbeln gehn.
   Die Beinchen, die Beinchen können nicht mehr stille stehn.
   Refrain: Kommt lasst uns tanzen, tanzen im Kreis (2x)

3. Im Sommer, wenn es warm ist, woll'n Schwalben fliegen gehn.
   Die Flügel, die Flügel wollen nicht mehr stille stehn.
   Refrain: Kommt lasst uns fliegen, fliegen im Kreis (2x)

4. Im Sommer, wenn es warm ist, woll'n Mäuse flitzen gehn.
   Die Beinchen, die Beinchen können nicht mehr stille stehn.
   Refrain: Kommt lasst uns tanzen, tanzen im Kreis (2x)

5. Im Sommer, wenn es warm ist, woll'n Hasen hoppeln gehn.
   Die Beine, die Beine können nicht mehr stille stehn.
   Refrain: Kommt lasst uns tanzen, tanzen im Kreis (2x)

6. Im Sommer, wenn es warm ist, möcht' ich mit dir tanzen gehn.
   Die Füße, die Füße können nicht mehr stille stehn.
   Refrain: Komm, lass uns tanzen, tanzen zu zweit (2x)

Instrumentalbegleitung: Es können viele weitere Strophen erfunden werden. Das Lied kann mit *einem* Instrument, z. B. Rasseln, begleitet oder die Tiere von verschiedenen Orff-Instrumenten gespielt werden.

Als **Tanzspiel** können die Kinder auch in die Rolle ihrer Lieblingstiere schlüpfen.

Aus der Praxis

Es ist hilfreich, die Reihenfolge der Tiere zu kennen.

Daher hier die Auflistung:

* Käfer
* Schwalben
* Mäuse
* Hasen
* Zu zweit

Tanzspielidee[1] ab 4 Jahre

Dieses Spiel verbindet eine freie Bewegung im Raum mit einem Kreistanz.
Der besondere Reiz für die Kinder ist der schnelle Wechsel. Sie finden sich im Refrain zum Kreis zusammen.

TEXT	TANZIDEE
Im Sommer, wenn es warm ist, da möcht' ich tanzen gehn. Die Füße, die Füße können nicht mehr stille stehn	*Im Raum gehen oder tanzen*
Refrain: Komm, lass uns tanzen, tanzen im Kreis. Komm lass uns tanzen, tanzen im Kreis.	*Sich zum Kreis treffen und gemeinsam tanzen*
Im Sommer, wenn es warm ist, wolln Käfer krabbeln gehn. Die Beinchen, die Beinchen können nicht mehr stille stehn.	*Im Raum krabbeln auf zwei Beinen oder auch mit Beinen und Armen*
Refrain: Komm, lass uns tanzen, tanzen im Kreis. Komm lass uns tanzen, tanzen im Kreis.	*Sich zum Kreis treffen und gemeinsam tanzen*

1 *Idee mit freundlicher Genehmigung von Miriam Berger*

TEXT	TANZIDEE
Im Sommer, wenn es warm ist, wolln Schwalben fliegen gehn. Die Flügel, die Flügel können nicht mehr stille stehn.	*Die Kinder fliegen durch den Raum.*
Komm, lass uns fliegen, fliegen im Kreis. Komm, lass uns fliegen, fliegen im Kreis.	*Sich zum Kreis treffen und gemeinsam tanzen*
Zwischenspiel	*Die Kinder können weiterflie-gen.*
Im Sommer, wenn es warm ist, wolln Mäuse flitzen gehn. Die Beinchen, die Beinchen können nicht mehr stille stehn.	*Die Kinder flitzen durch den Raum.*
Komm, lass uns flitzen, flitzen im Kreis. Komm, lass uns flitzen, flitzen im Kreis.	*Sich zum Kreis treffen und gemeinsam tanzen*
Im Sommer, wenn es warm ist, wolln Hasen hoppeln gehn. Die Beinchen, die Beinchen können nicht mehr stille stehn.	*Die Kinder hoppeln durch den Raum.*
Komm, lass uns hoppeln, hoppeln im Kreis. Komm, lass uns hoppeln, hoppeln im Kreis.	*Sich zum Kreis treffen und gemeinsam tanzen*
Im Sommer, wenn es warm ist, möcht' ich mit dir tanzen gehn. Die Füße, die Füße können nicht mehr stille stehn.	*Die Kinder tanzen und suchen sich ein zweites Kind.*
Komm, lass uns tanzen, tanzen zu zweit. Komm, lass uns tanzen, tanzen zu zweit.	*Mit einem Kind zusammen tanzen*

4

Tanzspielidee ab 4 Jahre

Als **Variante** können sich die Kinder ihre Rolle aussuchen und entsprechend in der Mitte tanzen. Im Refrain tanzen alle gemeinsam im Kreis.

TEXT	TANZIDEE
Im Sommer, wenn es warm ist, da möcht' ich tanzen gehn. Die Füße, die Füße können nicht mehr stille stehn.	*Alle tanzen gemeinsam rechtsherum im Kreis.*
Refrain: Komm, lass uns tanzen, tanzen im Kreis. Komm lass uns tanzen, tanzen im Kreis.	*Alle tanzen gemeinsam linksherum im Kreis.*
Im Sommer, wenn es warm ist, wolln Käfer krabbeln gehn. Die Beinchen, die Beinchen können nicht mehr stille stehn.	*Die Käferkinder krabbeln in der Mitte.*
Refrain: Komm, lass uns tanzen, tanzen im Kreis. Komm lass uns tanzen, tanzen im Kreis.	*Alle tanzen oder krabbeln gemeinsam im Kreis.*
Im Sommer, wenn es warm ist, wolln Schwalben fliegen gehn. Die Flügel, die Flügel können nicht mehr stille stehn.	*Die Schwalbenkinder fliegen in der Mitte.*
Komm, lass uns fliegen, fliegen im Kreis. Komm, lass uns fliegen, fliegen im Kreis.	*Alle tanzen oder fliegen gemeinsam rechtsherum im Kreis.*
Zwischenspiel	*Alle Kinder fliegen gemeinsam im Kreis oder im Raum.*
Im Sommer, wenn es warm ist, wolln Mäuse flitzen gehn. Die Beinchen, die Beinchen können nicht mehr stille stehn.	*Die Mäusekinder flitzen in der Mitte.*

TEXT	TANZIDEE
Komm, lass uns flitzen, flitzen im Kreis. Komm, lass uns flitzen, flitzen im Kreis.	*Alle tanzen oder flitzen gemeinsam rechtsherum im Kreis.*
Im Sommer, wenn es warm ist, wolln Hasen hoppeln gehn. Die Beinchen, die Beinchen können nicht mehr stille stehn.	*Die Hasenkinder hoppeln im Kreis.*
Komm, lass uns hoppeln, hoppeln im Kreis. Komm, lass uns hoppeln, hoppeln im Kreis.	*Alle tanzen oder hoppeln gemeinsam rechtsherum im Kreis.*
Im Sommer, wenn es warm ist, möcht' ich mit dir tanzen gehn. Die Füße, die Füße können nicht mehr stille stehn.	*Die Kinder tanzen und suchen sich ein anderes Kind aus.*
Komm, lass uns tanzen, tanzen zu zweit. Komm, lass uns tanzen, tanzen zu zweit.	*Mit einem anderen Kind zusammen tanzen*

Instrumentalspielidee ab 4 Jahre

Die Kinder suchen sich passende Instrumente für die Tierrollen aus.

Hier ein paar Vorschläge:

* Käfer: Rasseln
* Schwalben: Zimbeln
* Mäuse: Kastagnetten
* Hasen: Klanghölzer

Es ist möglich, das Lied im Kreis sitzend oder stehend zu begleiten.

TEXT	SPIELIDEE MIT INSTRUMENTEN
Im Sommer, wenn es warm ist, da möcht' ich tanzen gehn. Die Füße, die Füße können nicht mehr stille stehn.	*Alle sitzen oder stehen im Kreis und spielen alle Instrumente gemeinsam.*
Refrain: Komm, lass uns tanzen, tanzen im Kreis. Komm lass uns tanzen, tanzen im Kreis.	
Im Sommer, wenn es warm ist, wolln Käfer krabbeln gehn. Die Beinchen, die Beinchen können nicht mehr stille stehn.	*Die Käferkinder spielen mit den Rasseln.*
Refrain: Komm, lass uns tanzen, tanzen im Kreis. Komm lass uns tanzen, tanzen im Kreis.	*Alle sitzen oder stehen im Kreis und spielen alle Instrumente gemeinsam.*
Im Sommer, wenn es warm ist, wolln Schwalben fliegen gehn. Die Flügel, die Flügel können nicht mehr stille stehn.	*Die Schwalbenkinder spielen mit den Zimbeln.*
Komm, lass uns fliegen, fliegen im Kreis. Komm, lass uns fliegen, fliegen im Kreis.	*Alle sitzen oder stehen im Kreis und spielen alle Instrumente gemeinsam.*
Zwischenspiel	
Im Sommer, wenn es warm ist, wolln Mäuse flitzen gehn. Die Beinchen, die Beinchen können nicht mehr stille stehn.	*Die Mäusekinder spielen mit den Kastagnetten.*
Komm, lass uns flitzen, flitzen im Kreis. Komm, lass uns flitzen, flitzen im Kreis.	*Alle sitzen oder stehen im Kreis und spielen alle Instrumente gemeinsam.*

TEXT	SPIELIDEE MIT INSTRUMENTEN
Im Sommer, wenn es warm ist, wolln Hasen hoppeln gehn. Die Beinchen, die Beinchen können nicht mehr stille stehn.	*Die Hasenkinder spielen mit den Klanghölzern.*
Komm, lass uns hoppeln, hoppeln im Kreis. Komm, lass uns hoppeln, hoppeln im Kreis.	*Alle sitzen oder stehen im Kreis und spielen alle Instrumente gemeinsam.*
Im Sommer, wenn es warm ist, möcht' ich mit dir tanzen gehn. Die Füße, die Füße können nicht mehr stille stehn.	*Die Kinder spielen alle gemeinsam am Platz ...*
Komm, lass uns tanzen, tanzen zu zweit. Komm, lass uns tanzen, tanzen zu zweit.	*... und können dann im Raum spielen. Alternativ können sie sich ein anderes Kind suchen und beide tanzen spielend umeinander herum.*

4.2.2 Klanggeschichte: Tiere am Teich

Arrangement: Klaus Getrost

Die Hauptrollen spielen in dieser Klanggeschichte verschiedene Tiere am Teich.

Einfache Bewegungsidee ab 1 Jahr

TAKTE	SPIELIDEE
4 Takte	Bereit machen
12 Takte	Es watschelt die Ente im Raum.
8 Takte	Es fliegen die Mücken oder Fliegen schnell.
2 Takte	Kurzes Innehalten
8 Takte	Frösche hüpfen durch den Raum.
8 Takte	Libellen fliegen schnell umher.
10 Takte	Storch schleicht klappernd umher.
8 Takte	Alle machen sich bereit.
8 Takte	Alle Kinder/Tiere laufen, fliegen, watscheln, hüpfen durch den Raum.

Bewegungsidee ab 3 Jahre

Der gleiche Ablauf, doch nun können sich die Kinder ihre Rolle aussuchen. Sie verteilen sich auf fünf Plätze im Raum und laufen, fliegen usw. los, wenn ihre Musik spielt.

Instrumentalspiel ab 3 Jahre

Die Kinder nehmen sich nun Instrumente und reihen sich wieder in ihre Gruppe ein.

Hilfreich ist es, wenn die Instrumente bereits auf die Plätze verteilt werden und die Kinder sich dann das Instrument aussuchen.

Für das Kind ist nun das Instrument entscheidender als die Rolle, die es darstellt. Daher nochmals kurz ansagen, welches Tier dran ist.

TAKTE	TIER	INSTRUMENTENVORSCHLAG
4 Takte	Bereit machen	
12 Takte	Es watschelt die Ente im Raum.	*Kastagnetten*
8 Takte	Es fliegen die Mücken oder Fliegen schnell.	*Rasseln*
2 Takte	Kurzes Innehalten, Froschposition einnehmen	*Kurze Instrumentenpause*
8 Takte	Frösche hüpfen durch den Raum.	*Froschguirros oder Klanghölzer*
8 Takte	Libellen fliegen schnell umher.	*Glöckchen*
10 Takte	Storch schleicht klappernd umher.	*Klanghölzer oder Holzblocktrommeln*
8 Takte	Alle machen sich bereit.	*Kurze Instrumentenpause*
8 Takte	Alle Kinder/Tiere laufen, fliegen, watscheln, hüpfen durch den Raum.	*Alle Instrumente gehen im Raum und spielen.*

Aus der Praxis

Es ist gut, wenn es gerade in einer großen Kindergruppe genügend gleiche Instrumente gibt. Aber es sollte natürlich immer alles wiederholt und die Instrumente getauscht werden.

4

Massagespiel ab 3 Jahre

Abschließend noch eine wohltuende Massage für den Rücken. Die Sinneswahrnehmung der Haut steht hier im Vordergrund.

TAKTE	MASSAGEGRIFFE
4 Takte	Hände warmmachen
12 Takte	Auf dem Rücken mit der flachen Hand spazieren gehen
8 Takte	Schnelles leichtes Klopfen auf den Rücken
2 Takte	Hände warmmachen
8 Takte	Den Rücken oder die Schultern kneten
8 Takte	Schnelles leichtes Klopfen am Rücken
10 Takte	Auf dem Rücken oder Körper streichende Bewegungen machen
8 Takte	Hände auf den Rücken legen
8 Takte	Rücken kneten – abschließend ausstreichen

4.2.3 Lied: Heut' ist ein Fest

Melodie: Helmut Bornefeld, © Carus-Verlag, Stuttgart

Heut' ist ein Fest bei den Fröschen am See

Text:

Heut' ist ein Fest bei den Fröschen am See,
Ball und Konzert und ein großes Diner.
Quak, Quak, Quak, Quak,
Quak, Quak, Quak, Quak.

Kleine Stimmübung

Unsere Stimme übt sich im Froschquaken. Es kann hoch und tief, lang und kurz gequakt werden.

Hintergrund: Die Zunge wird kontrolliert an den Gaumen gedrückt und produziert im Mundraum ungewöhnliche Töne. Das schult die Mundmotorik und es werden stimmliche Grenzen erfahren. Wie hoch klingt es noch nach einem „Quaken“? Oder ist es nur noch ein kleines „Qieken“?

Wenn wir sehr hoch singen (quaken), nutzen wir automatisch unsere Kopfstimme. Das ist besonders für die Kinder ein vergnügliches Spiel, da es ihre natürliche Stimme hervorbringt.

Sitztanz für die Kleinsten

Die Kinder sitzen auf dem Boden.

TAKTE	BEWEGUNGSIDEE
A-Teile	Auf den Knien oder im Strecksitz schaukeln
B-Teil	Die Kniee anheben oder die Arme hochheben: hohes Quak ...
	Wiederholung die Knie nach unten, Arme nach unten heben: tiefes Quak ...

Liederweiterung für die Kleinsten

Verschiedene Tiere, die am See wohnen, besingen:

Heut ist ein Fest bei den **Fischen am See**,

blub, blub, blub, blub (hoch), blub, blub, blub, blub (tief)

Enten „naak“, Libellen „schwirr“, Störche „klapp“ usw.

„klapp“

„schwirr“

Instrumentalspiel mit Froschguiros ab 3 Jahre

Es eignen sich wunderbar kleine und große Froschguiros.
Wenn vorhanden, zu gleichen Teilen an die Kinder verteilen.

Das Lied wird in den A-Teilen gemeinsam gesungen und gespielt.

Im B-Teil spielen zuerst die kleinen Guiros und alle singen das hohe Quak.

Im zweiten B-Teil spielen alle großen Guiros und singen das tiefe Quak.

Wenn nur je ein Guiro vorhanden, spielen immer zwei Kinder, sonst alle Kinder.

Kreisspiel mit Instrument ab 4 Jahre

Die Kinder stehen oder sitzen im Kreis.

In der Mitte sind drei Kinder mit Klangbausteinen:

* Ein Kind: Klangbausteine d' und a'
* Ein Kind: Klangbaustein d''
* Ein Kind: Klangbaustein d'

Im A-Teil schaukeln die Kinder im Kreis und die Instrumentalkinder spielen zusammen.

Im B-Teil 1 strecken die Kreiskinder die Arme in die Höhe – Das Kind mit dem d'' spielt.

Im B-Teil 2 hocken sich die Kreiskinder oder senken ihre Arme – Das Kind mit dem d' spielt.

Trommelbegleitung für die Kleinsten

Jedes Baby hat eine Trommel oder eine Trommeltraube in der Mitte.

A-Teil: Alle spielen den Grundschlag.

B-Teil: Alle spielen die Achtelschläge.

Alternativ kann eine Trommel zu jedem Kind „kommen“. Der A-Teil wird gesungen und geschaukelt. Der B-Teil wird von den Kindern gespielt.

Trommelbegleitung für 1,5 bis 3 Jahre

A-Teil Trommel im Grundschlag

B Teil 3x Trommelschläge

EIGENE NOTIZEN

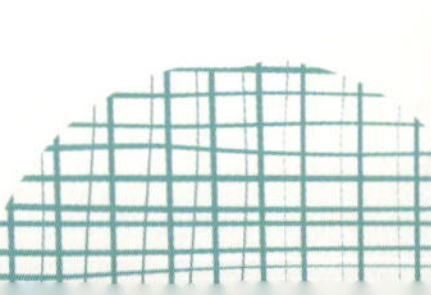

4.3 Ideen zur Herbstzeit

Der bunte Herbst ist jedes Jahr wieder ein neues Wunder an Farben, Klangmöglichkeiten und fröhlichen und melancholischen Herbstliedern.

Ich habe den Klassiker „Bunt sind schon die Wälder“ ausgewählt. Dieses Lied vermittelt durch seine Molltonart eine besondere Stimmung und kann mit Handgesten und Klängen anschaulich interpretiert werden.

Die Klanggeschichte erzählt von einem Drachen und zum Ausklang werden gesammelte Kastanien mit einem Vers und vielen Ideen dazu in Szene gesetzt.

4

4.3.1 Bunt sind schon die Wälder

Text: Johann Gaudenz von Salis-Seewis, Musik: J. F. Reichardt

Text: (1. Strophe)

Bunt sind schon die Wälder,
gelb die Stoppelfelder
und der Herbst beginnt.
Rote Blätter fallen,
graue Nebel wallen,
kühler weht der Wind.

Kleine Stimmübung 1

Der Wind spielt in diesem Lied eine wichtige Rolle. Mit Atemspielen können wir den Wind nachahmen.
Wir pusten mit fast geschlossenen Lippen und lassen unsere Stimme durch die Lippen ertönen. Es kann ein Pfeifen, Tönen oder nur Pusten erklingen. Wie viel Druck gebe ich auf meine Stimmbänder, damit es laut oder leise erklingt. Es hört sich ein bisschen gruselig an und genau darin liegt der Spaß.

Hintergrund: Die Stimme wird mit dem Atem kombiniert und kontrolliert. Das schult die Atmung beim Singen.

Kleine Stimmübung 2

Wir sind fallende Blätter. Die Stimme begleitet den Blätterfall. Oben ist die Stimme hoch und wird nach unten immer tiefer. Die Blätter werden vom Wind wieder aufgewirbelt, sie schweben in der Luft. Das Blätterspiel wird mit der Stimme begleitet.

Hintergrund: Die Stimmregister (Kopf- und Brustbereich) werden geübt und die eigene Stimme in seinen Möglichkeiten erprobt.

Das Instrumentalspiel sensibilisiert die akustische Wahrnehmung und fördert die Fähigkeit, Klänge zuzuordnen.

Singen und Schwingen

Zunächst kann das Lied schwingend gesungen werden. Die Gruppe sitzt dazu im Kreis, fasst sich an den Händen und schwingt im 6/8-Takt hin und her.
Wer sich nicht anfassen mag, kann auch alleine die Arme hin- und herschwingen.
Der ungerade Takt wird durch das Schwingen besser verstanden.
Danach können die Gesten eingesetzt werden.

Handgestenspiel ab 1 Jahr

LIEDTEXT	HANDGESTE
Bunt sind schon die Wälder,	*Daumen gegen die anderen Finger schnippen abwechselnd in die Luft.*
gelb die Stoppelfelder	*Beide Hände zeigen von unten ein Stoppelfeld, Finger zeigen nach oben und zappeln dabei.*
und der Herbst beginnt.	*Beide Hände vollführen gleichzeitig von oben nach unten einen Halbkreis von außen nach innen.*
Rote Blätter fallen,	*Hände zeigen mit zappelnden Fingern die Blätter, die von oben nach unten fallen.*
graue Nebel wallen,	*Die Hände machen eine große Geste auf der Bodenoberfläche nach links und nach rechts.*
kühler weht der Wind.	*Die Hände umschlingen sich, leichtes Schütteln.*

Tanzspiel ab 4 Jahre

LIEDTEXT	TANZIDEEN
Bunt sind schon die Wälder, gelb die Stoppelfelder und der Herbst beginnt.	*Kinder gehen rechts herum*
Rote Blätter fallen,	*Am Platz stehen bleiben und mit den Händen die fallenden Blätter imitieren*
graue Nebel wallen,	*Sich seinem Nachbarn zuwenden und an die Hände nehmen*
kühler weht der Wind.	*Mit dem Partner im Kreis tanzen*

Danach beginnt der Tanz von vorne und man nimmt sich einen anderen Partner.

Instrumentalspiel ab 4 Jahre

LIEDTEXT	INSTRUMENTALVORSCHLAG
Bunt sind schon die Wälder,	*Glöckchen*
gelb die Stoppelfelder	*Rasseln*
und der Herbst beginnt.	*Alle Instrumente spielen.*
Rote Blätter fallen,	*Glockenspiel*
graue Nebel wallen,	*Rührtrommel*
kühler weht der Wind.	*Zimbeln, aneinander gerieben*

Aus der Praxis

Die pädagogische Fachkraft spielt zunächst mit den Instrumenten das Lied. Dann legt sie die Instrumente in die Mitte und die Kinder können wählen. Je nachdem, wie groß die Gruppe ist, können auch pro Klangspiel zwei Instrumente zur Verfügung stehen. Es spielt dann immer nur eine Gruppe, alle anderen singen das Lied und können die Gesten dazu zeigen.

Förderung: Das Lied ist stimmlich und musikalisch eine Herausforderung. Der 6/8-Takt wird kennengelernt und im Körper erlebt.

Die soziale Kompetenz wird im Tanz durch das gemeinsame Erlebnis gefördert. Wie schnell kann ich mich mit meinem Partner drehen, ohne dass wir umfallen?

Erweiterung mit Strophen

Zur Vervollständigung hier noch die weiteren Strophen dieses Liedes. Vielleicht finden sich dafür auch noch Handgesten und Klangideen?

2. Wie die volle Traube
   aus dem Rebenlaube
   purpurfarbig strahlt!
   Am Geländer reifen
   Pfirsiche, mit Streifen
   rot und weiß bemalt.

3. Flinke Träger springen
   und die Mädchen singen,
   alles jubelt froh!
   Bunte Bänder schweben
   zwischen hohen Reben
   auf dem Hut von Stroh.

4. Geige tönt und Flöte
   bei der Abendröte
   und im Mondesglanz;
   junge Winzerinnen
   winken und beginnen
   frohen Erntetanz.

4.3.2 Klanggeschichte: Drachen

Arrangement: Klaus Getrost

Einstimmung – Hören und Bewegen

Die Kinder tanzen mit Tüchern oder Drachen und werden von einem Glockenspiel oder einem Metallophon begleitet. Das Instrument spielt ein Glissando auf oder ab und die Kinder lassen ihre Tücher entsprechend herauf- und herunterschweben. Spielt das Instrument eine kleine Melodie oder einfach verschiedene Töne, bleiben die Tücher/Drachen in der Luft.
In einer Gruppe mit älteren Kindern kann auch ein Kind das Instrument spielen.

Bewegung zur Musik

TEILE	TAKTE	SPIELIDEE
A-Teil	Intro 6 Takte	*Kinder pusten ihre Tücher und schwingen sie leicht.*
B-Teil	3 x 8 Takte	*Die Kinder lassen frei ihre Tücher/ Drachen fliegen, schweben …*
D-Teil	4 Takte	*Die Kinder lassen ihre Tücher/ihren Drachen langsam zu Boden sinken.*

Bewegungsspiel mit Instrumenten für ältere Kinder

Die Kinder bekommen lang klingende Instrumente wie Triangeln, Zimbeln, klingende Stäbe. Ein Glockenspiel kann noch für eine besondere Aufgabe bereitgestellt werden.

Die Kinder werden dann in zwei Instrumentengruppen eingeteilt. Ein Kind spielt das Glockenspiel.

TEILE	TAKTE	SPIELIDEE
A-Teil	Intro 6 Takte	*Kinder spielen alle gemeinsam leise ihre Instrumente.* *Das Glockenspiel spielt die Tonleiter aufwärts zum Start der Drachenflüge.*
B-Teil	3 x 8 Takte	*Nacheinander spielt nun jeweils acht Takte lang eine Instrumentengruppe.* *In den letzten acht Takten spielen beide gemeinsam.*
D-Teil	4 Takte	*Das Glockenspiel-Kind spielt die Tonleiter abwärts.*

Erweiterung, Variante

Die Tanz- und Instrumentenkinder spielen und tanzen gemeinsam.

4.3.3 Vers: Zwei verspielte Kastanien

DER VERS	ALS FINGERSPIEL	ALS RÜCKEN-MASSAGE
Zwei Kastanien fallen munter, 1, 2, 3 vom Baum herunter.	2 Kastanien von oben heruntergleiten lassen	*2 Kastanien vom Nacken den Rücken heruntergleiten lassen*
Klopfen sachte auf die Erde, stampfen dann wie eine Elefantenherde.	Auf den Boden klopfen Stärker klopfen	*Mit den Kastanien auf den Rücken klopfen* *Stärker klopfen* *Stärker klopfen*
Hüpfen fröhlich auf und ab, laufen wie Pferde mal im Galopp, mal im Trab.	Auf dem Boden hüpfen, galoppieren und traben	*Die Kastanien auf dem Rücken hüpfen, galoppieren und traben lassen*
Sie rollen genüßlich hin und her. Der Wind rollt sie dann immer, immer mehr.	Auf dem Boden hin- und herrollen Stärker hin- und herbewegen, Pustegeräusche	*Den Rücken seitlich herunterrollen lassen* *Stärkere Bewegungen*
Und plötzlich oh Schreck, sind sie beide weg!	Kastanien hinter dem Rücken verschwinden lassen.	*Ausstreichen und die Kastanien vom Rücken nehmen*

DER VERS	KREATIVE SPIELIDEE *(Idee von Katja Bröskamp)*
Zwei Kastanien fallen munter 1, 2, 3 vom Baum herunter.	*Zwei in Farbe getauchte Kastanien in einen Karton mit dem Blatt fallen lassen* *Alternativ kann das Blatt auch zuerst Farbtropfen bekommen: dann die Kastanien ohne Farbe „hineinplumpsen" lassen.*
Klopfen sachte auf die Erde, stampfen dann wie eine Elefantenherde.	*Der Karton wird leicht nach oben und unten bewegt, sodass sich die Kastanien leicht bewegen.* *Stärkere Bewegung auf und ab*
Hüpfen fröhlich auf und ab, laufen wie Pferde mal im Galopp, mal im Trab.	*Der Karton wird nun weiterhin vorsichtig bewegt, sodass die Kastanien hüpfen, galoppieren, traben, je nach Lust und Laune.* *Der Karton wird hin- und herbewegt – die Kastanien rollen.* *Stärkeres Bewegen, stärkeres Rollen*
Und plötzlich, oh Schreck, sind sie beide weg!	*Kastanien aus dem Karton entfernen* *Das Blatt ist nun fertig zum Bewundern.*

Material: 1 Karton DIN-A4 mit einem eingelegten DIN-A4-Blatt, 2 Kastanien, Farbe

Aus der Praxis

Die Kastanien können auch immer wieder in Farbe getaucht oder es kann noch Farbe auf das Blatt geträufelt werden. Gut geeignet ist mit Wasser angereicherte Fingerfarbe.

4.4 Ideen zur Winterzeit

Die Jahreszeit Winter bietet leider nicht immer den ersehnten Schnee. Falls es aber doch mal eine ganze Woche schneit, beschreibt das Schneelied die tollen Aktivitäten im Winter. Ganz nebenbei spielen die Kinder mit den Wochentagen.

Mit Watteflocken kann der Schnee im Raum simuliert werden. Dazu eignet sich die Klanggeschichte „Schneeflockentanz".

Die Geschichte der Wichtel bietet im wahrsten Sinne des Wortes eine Ein-Stimmung in die Weihnachtszeit. Den Abschluss bietet der tanzende Weihnachtsbaum.

4.4.1 Lied: Eine Woche voller Schnee

Musik: Klaus Getrost; Text: Klaus und Jeannette Getrost

D A D
Ei-ne Wo-che vol-ler Schnee

Fism G D
Schnee wo-hin ich seh. Ei-ne

Hm A/Cis D G A D
Wo-che vol-ler Schnee Schnee wo-hin ich geh.

Hm A/Cis D G A
Mon-tag kön-nen wir ro-deln geh'n. Und die Welt von

Hm D A/E
o-ben sehn. Diens-tag stamp-fen wir

Hm/Fis Em/G D A D
durch den Wald. Da-bei wird uns gar nicht kalt.

Text:

Refrain:
Eine Woche voller Schnee,
Schnee, wohin ich seh'.
Eine Woche voller Schnee,
Schnee, wohin ich geh'.

Montag fallen leicht und sacht,
erste Flocken in der Nacht.

Dienstag stampfen wir durch den Wald,
dabei wird uns gar nicht kalt.

Refrain
Mittwoch können wir rodeln gehn,
und den Berg von oben sehn.

Donnerstag gibt's 'ne Schneeballschlacht,
Kugeln voller Winterpracht.

Refrain
Es gefriert der See, es ist so weit,
Freitag ist unsere Schlittschuhzeit.

Einen Schneemann bauen wir
Samstag vor der Eingangstür.

Refrain
Sonntag ruhen wir uns aus,
wärmen uns mit Tee im Haus.

Abends sind wir sehr gespannt,
bleibt der Schnee im Winterland?

Kleine Stimmübung

Die einzelnen Aktivitäten können wunderbar mit der Stimme begleitet werden.
Es können einfach einzelne Aktivitäten mit Stimmspielen herausgesucht oder auch alle ausprobiert werden. Wichtig ist es, dieses nicht als Übung, sondern als Spiel zu verstehen.

AKTIVITÄTEN	STIMMSPIELE	HINTERGRUND
Flocken fallen	Wir klopfen den Schnee von unserem Körper oder klopfen uns gegenseitig ab.	Wir wecken unseren Körper. Das lockert auch unsere Stimme.
Stampfen	Wir stampfen mit den Füßen und lassen dabei unsere Arme hin- und herschwingen.	Das wärmt den Körper auf und fördert eine gute Haltung für das Singen.

AKTIVITÄTEN	STIMMSPIELE	HINTERGRUND
Rodeln	Die Stimme langsam anheben und am höchsten Ton schnell nach unten führen. Der Schlitten wird mit der Stimme nach oben gezogen und er saust den Berg hinunter.	Eine perfekte Stimmübung für das Kennenlernen des eigenen Stimmumfanges. Es geht hier nicht darum, wie schön es klingt, sondern um das Ausprobieren.
Schneeballschlacht	p t k – Laute werden leicht und leise gesprochen. Danach kann das noch mit dem Werfen von imaginären Schneebällen kombiniert werden.	Eine häufige Gesangsübung zum Aufwärmen der Stimme. Das Zwerchfell wird durch die stoßweise Atmung aktiviert. Wenn man die Hände auf den Bauch dabei legt, spürt man, wie er sich hebt und senkt. Das Werfen der Schneebälle unterstützt die Stimmführung und macht noch mehr Spaß.
Schlittschuhzeit	Kombiniert mit dem Gleiten der Arme nach links und rechts machen wir kurz: Sch – Sch – Sch.	Ebenfalls eine Zwerchfellübung in Begleitung mit dem Körper
Schneemann bauen	Wir stellen uns vor, unser Bauch würde immer dicker und wir müssten immer mehr Luft einfallen lassen. Ist der Bauch dick, haben wir eine neue Kugel für den Schneemann geschaffen. Wir legen ihn ab und können dann wieder langsam ausatmen.	Dieses Spiel unterstützt die Bauchatmung und die Kontrolle über die Atmung.

AKTIVITÄTEN	STIMMSPIELE	HINTERGRUND
Ausruhen	Auf dem Boden strecken und entspannt atmen. Leichte, wohlige Seufzer begleiten das Ausatmen.	Den Atem zu beobachten, fördert die Sensibilisierung für die eigene Atmungsaktivität. Die Stimme wird sanft aktiviert.

Instrumentalspiel ab 1,5 Jahre

Begleitung mit je 2 Rasseln

TEXT	SPIELBEGLEITUNGSIDEEN MIT RASSELN
Montag fallen leicht und sacht, erste Flocken in der Nacht.	*Kleine tupfende Bewegungen*
Dienstag stampfen wir durch den Wald, dabei wird uns gar nicht kalt.	*Auf den Boden klopfen*
Refrain: Eine Woche voller Schnee, Schnee, wohin ich seh'. Eine Woche voller Schnee, Schnee, wohin ich geh'.	*Spielen nach eigenem Wunsch*
Mittwoch können wir rodeln gehn und den Berg von oben sehn.	*Auf dem Boden rollen*
Donnerstag gibt's 'ne Schneeballschlacht, Kugeln voller Winterpracht.	*Schnelles Rasseln in der Luft*
Refrain	*Spielen nach eigenem Wunsch*
Es gefriert der See, es ist so weit, Freitag ist unsere Schlittschuhzeit.	*Die Rasseln aneinanderklopfen*
Einen Schneemann bauen wir, Samstag vor der Eingangstür.	*Die Rasseln übereinanderklopfen*

TEXT	SPIELBEGLEITUNGSIDEEN MIT RASSELN
Refrain	*Spielen nach eigenem Wunsch*
Sonntag ruhen wir uns aus, wärmen uns mit Tee im Haus. Abends sind wir sehr gespannt, bleibt der Schnee im Winterland?	*Die Rasseln auf den Beinen rollen* *Rasselspiel kurz stoppen*
Refrain	*Spielen nach eigenem Wunsch*

Instrumentalspiel ab 3 Jahre

Die einzelnen Aktivitäten werden mit verschiedenen Orff-Instrumenten begleitet. Es sollten je nach Kinderzahl von jedem Instrument mindestens zwei gleiche vorhanden sein.

Vorschläge: Zimbeln, Klanghölzer, Glockenspiele, Triangeln, Rasseln, Handtrommeln, Klangschalen

TEXT	INSTRUMENTE UND SPIELVORSCHLÄGE
Montag fallen leicht und sacht, erste Flocken in der Nacht. Dienstag stampfen wir durch den Wald, dabei wird uns gar nicht kalt.	*Zimbeln leicht aneinanderklingen lassen* *Klanghölzer aneinanderklopfen*
Refrain: Eine Woche voller Schnee, Schnee, wohin ich seh'. Eine Woche voller Schnee, Schnee, wohin ich geh'.	*Alle Instrumente spielen gemeinsam.*
Mittwoch können wir rodeln gehn und den Berg von oben sehn. Donnerstag gibt's 'ne Schneeballschlacht, Kugeln voller Winterpracht.	*Das Glockenspiel rauf- und herunterspielen* *Rasseln schütteln*

TEXT	INSTRUMENTE UND SPIELVORSCHLÄGE
Refrain	*Alle Instrumente spielen gemeinsam.*
Es gefriert der See, es ist so weit, Freitag ist unsere Schlittschuh-zeit.	*Triangel zum Klingen bringen*
Einen Schneemann bauen wir, Samstag vor der Eingangstür.	*Klopfen auf der Handtrommel*
Refrain	*Alle Instrumente spielen gemeinsam.*
Sonntag ruhen wir uns aus, wärmen uns mit Tee im Haus.	*Klangschalen erklingen lassen*
Abends sind wir sehr gespannt, bleibt der Schnee im Winterland?	*Keiner spielt.*
Refrain	*Alle Instrumente spielen gemeinsam.*

4.4.2 Klanggeschichte: Schneeflockentanz

Arrangement: Klaus Getrost

Im Winter ist es schön, am Fenster den Flocken bei ihrem wilden und ungestümen Tanz durch die Luft zuzuschauen. Draußen können sich die Kinder die Flocken um die Nase tanzen lassen.

Bei diesem Spiel drinnen ist es zwar trocken und warm, es lässt die Kinder aber ein Gefühl der kalten Jahreszeit nachempfinden.

Die Musik verbindet gerade und ungerade Rhythmen und lässt die Flocken abwechselnd langsam und schnell tanzen.

Bewegung im Raum mit Tüchern

Die Kinder liegen oder stehen mit weißen oder hellen Tüchern im Raum verteilt.

TEILE	TAKTE	BEWEGUNGSIDEE
A-Teil	8 Takte ($^3/_4$-Takt)	*Die Kinder tanzen langsam mit dem Rhythmus, die Tücher wehen langsam hin und her.*
Zwischen-teil	1 Takt	*Übergang zum folgenden Rhythmus. Kurzes Innehalten – Spannungsbogen*
B-Teil	Takte	*Ein Schneesturm – die Kinder tanzen wild mit ihren Tüchern.*
Diese drei Teile wiederholen sich noch zweimal und der Tanz endet mit einem besonders fundamentalen Tücher-Schneesturm.		

Die Kinder können im weiteren Verlauf auch in zwei Gruppen eingeteilt werden.

Tauschen nicht vergessen.

Bewegungsspiel mit dem Schwungtuch

Ein Schwungtuch wird ausgebreitet und die Kinder halten sich am Rand des Tuches fest. Das ist für die Kleinen bereits eine große Herausforderung.

TEILE	TAKTE	BEWEGUNGSSPIELIDEE
A-Teil	8 Takte ($^3/_4$-Takt)	*Die Kinder bewegen das Schwungtuch langsam.*
A-Teil	8 Takte ($^3/_4$-Takt)	*Die Kinder bewegen das Schwungtuch langsam.*
Zwischen-teil	1 Takt	*Übergang zum nächsten Rhythmus. Kurzes Innehalten – Spannungsbogen*
B-Teil	Takte ($^2/_4$-Takt)	*Ein Schneesturm – die Kinder bewegen das Schwungtuch sehr schnell.*
Diese drei Teile wiederholen sich noch zweimal und der Tanz endet mit einem besonders fundamentalen Schwungtuch-Schneesturm.		

Tipp zur kleinen Steigerung

In dritten Teil kann man auch versuchen, mit den Kindern beim langsamen Teil in eine Richtung zu gehen. In der Folge kann man auch schon beim zweiten Mal beginnen, beim dritten Mal wird dann die Richtung gewechselt.

Bewegungsspiel mit dem Schwungtuch und Wattebäuschen

Als Steigerung können nun noch viele Wattebäusche in das Schwungtuch gelegt werden und das Spiel beginnt von vorne.
In den Übergängen werden die herausgefallenen Flocken wieder in das Tuch gelegt.

Wird das Spielen besonders wild, ist es genau richtig.

4.4.3 Stimmbildungsgeschichte: Die Weihnachtswichtel

Speziell für die Stimme folgt eine Geschichte zur Weihnachtszeit. Die Ideen sind ebenso als Anregungen für eigene Stimmbildungsgeschichten gedacht. Das Prinzip ist der Aufbau der drei wichtigsten Voraussetzungen für die Lockerheit und Sicherheit beim Singen: Haltung, Atmung und der Stimmeinsatz.

Für die Körperhaltung

GESCHICHTE	BEWEGUNGEN FÜR KÖRPER UND STIMME
Morgen ist Weihnachten. Die Weihnachtswichtel haben noch so viel zu tun.	*Aufstehen, recken, strecken*
Sie gehen ins Badezimmer ans Waschbecken. Heute machen sie nur „Katzenwäsche“.	*Gesicht rubbeln, massieren, an den Wangen zupfen*
Die Wichtel ziehen ihre Arbeitsanzüge und Stiefel an.	*Von unten bis oben ziehen und die Stiefel schnüren*
Schnell wird gefrühstückt ...	*Kauen, schlürfen, trinken ...*
... und die Zähne geputzt.	*Zähne mit der Zunge sauber machen, gurgeln, ausspucken.*

Für die Atmung

GESCHICHTE	GERÄUSCHE FÜR KÖRPER UND STIMME
Die Werkstatt der Wichtel ist vor dem Haus. Sie müssen nach draußen. Es ist bitterkalt, ein eiskalter Wind fegt und es hat geschneit.	*Tür öffnen, Windgeräusche machen (Langatmung). Durch den Schnee stapfen und kräftige Ausatemstöße (Langatmung, Ausdauer üben)*
Ein Hase hoppelt vorbei.	*Mit der Stimme „Hopp, hopp, hopp" (kurze Atemstöße, Zwerchfellaktivierung)*
Endlich kommen sie in ihrer Werkstatt an.	*Entspanntes Ausatmen mit leichter Stimme* *Ahhhh, puhh* *Gegenseitiges Abklopfen, die Kinder, die abgeklopft werden, können dabei laut mitstöhnen.*

Für die Stimme

GESCHICHTE	STIMMGERÄUSCHE
Der Wecker klingelt zur Arbeit!	*brrrrrrr (hoch und schrill)*
Die Wichtel legen los und ... bohren, ... sägen, ... hämmern.	*In die Hände „spucken"* *Lippen flattern und viele Töne* *Hau ruck. Hau ruck, Hau ruck und Sssssss* *bon, bon, bon*
Die Wichtel singen, dabei stimmen sie ihr schönstes Weihnachtslied an.	*Oh, Tannenbaum*

4.4.4 Klanggeschichte: Der tanzende Weihnachtsbaum

Arrangement: Klaus Getrost

In der Weihnachtszeit ist auch der Weihnachtsbaum in Feierstimmung und fängt an zu tanzen. Wie das aussehen könnte, dürfen die Kinder bei dieser Musik selbst ausprobieren.

Abschließend wird noch eine kleine Choreografie vorgestellt, an der auch die Eltern sich gerne beteiligen können – einfach auf der nächsten Weihnachtsfeier ausprobieren.

Bewegung im Raum

Die Kinder stehen verteilt im Raum.

TEILE	TAKTE	BEWEGUNGSIDEE
A-Teil	8 Takte	*Die Kinder schaukeln am Platz von einer Seite zur anderen und imitieren eine Glocke.*
B-Teil	8 Takte	*Die Kinder beginnen sich langsam und staksig vorwärtszubewegen.*
B-Teil	8 Takte	*Die Kinder bewegen sich langsam rückwärts.*
C-Teil	4 Takte	*Die Kinder drehen sich im Kreis um sich selbst.*
C-Teil	8 Takte	*Die Kinder gehen wieder langsam und staksig vorwärts.*

Einfacher Kreistanz

Die Kinder stehen mit Handfassung im Kreis.

TEILE	TAKTE	BEWEGUNGSIDEE
A-Teil	8 Takte	*Die Kinder halten sich an den Händen und schwingen mit dem Körper hin und her. Wer sich nicht anfassen möchte, tanzt alleine.*
B-Teil	8 Takte	*Der Kreis bewegt sich nach rechts – entgegen der Tanzrichtung.*
B-Teil	8 Takte	*Der Kreis bewegt sich nach links – in Tanzrichtung.*

TEILE	TAKTE	BEWEGUNGSIDEE
C-Teil	4 Takte	*Die Kinder gehen in die Mitte und wieder zurück.*
C-Teil	8 Takte	*Die Kinder gehen wieder rechts – in Tanzrichtung.*

Tanz mit Instrumenten für ältere Kinder

Die Kinder bekommen Klanghölzer, Zimbeln/Triangeln.
Alle Kinder stehen im Kreis. Ein Kind in der Mitte erhält ein Becken. Die Instrumentengruppen sind gleich verteilt und stehen immer versetzt. Ein Kind mit Klanghölzern, daneben ein Kind mit Zimbeln oder Triangel usw.

TEILE	TAKTE	INSTRUMENTAL-SPIELIDEE
A-Teil	8 Takte	*Das Kind mit dem Becken in der Mitte schlägt mit dem Schlägel immer auf den ersten Schlag in der Musik auf das Becken. Das Kind setzt sich dann hin.*
B-Teil	8 Takte	*Die Klanghölzergruppe bewegt sich vier Schritte in die Mitte und zurück und spielt. Wiederholung zweimal.*
B-Teil	8 Takte	*Die Zimbel-/Triangelgruppe bewegt sich vier Schritte in die Mitte und zurück und spielt. Wiederholung zweimal.*
C-Teil	4 Takte	*Beide Instrumentengruppen drehen sich um sich selbst (Richtungswechsel) und spielen dabei.* *Schwierigere Variante: Immer zwei Takte spielt eine Instrumentengruppe.*
C-Teil	8 Takte	*Beide Instrumentengruppen bewegen sich in die Mitte und spielen.*

Das Kind mit dem Becken spielt nach der Musik noch einen Beckenschlag und trägt ganz sicher zu einem effektvollen Finale dieses Tanzes bei.

Singen und Tanzen

In diesem Kapitel wird ein besonderes Augenmerk auf Tanz und Bewegung gelegt. Lieder, die zum Singen und Tanzen gleichzeitig einladen, bieten doppelten Spaß am musikalischen Erleben.

Im Überblick

5

5.1 Gespenster-Stopptanz

Arrangement: Klaus Getrost

Seit einiger Zeit ist auch in Deutschland ein wahrer Kult um die Halloween-Zeit ausgebrochen. Gespenster und Hexen schmücken Räume und Fensterbänke. Kürbisse werden mit Fratzen ausgeschnitten und beleuchtet.

Für manche kleinen Kinder ist es eher gruselig, für manche gerade deswegen besonders reizvoll.

Angeregt von dieser Zeit und faszinierten Kinderaugen, wenn ir spuken und uns Tücher über den Kopf legen, entstand diese Gespenstergeschichte, in der noch ein kleines Stoppspiel eingebaut wurde.

Für einen kleinen musikalischen Gruseleffekt in der Musik wurde auch gesorgt.

Bewegungsgeschichte

Es kann zur Einstimmung die Geschichte von den Gespenstern erzählt werden, die bis Mitternacht schlafen und dann wach werden und spuken.

Die Kinder sitzen in einer Raumecke. Als Materialergänzung kann ein weißes Chiffontuch genutzt werden.

TEILE	TAKTE	SPIELIDEE ZUR MUSIK
A-Teil	4 Takte	*Die Kinder liegen in einer Raumecke und schlafen.*
B-Teil	12 Takte	*Gong (12-mal) ertönt in der Musik.* *Alle wachen auf und gähnen und strecken sich.*
C-Teil	4 Takte	*Glissando in der Musik, die Kinder stehen auf.*
D-Teil	14 Takte	*Die Kinder tanzen im Raum. Stopps in der Musik lassen sie immer kurz anhalten.*
A-Teil	4 Takte	*Die Kinder legen sich wieder schlafen.*

5.2 Regentanz

Musik und Arrangement: Klaus Getrost; Text: Jeannette Getrost

Der zu jeder Jahreszeit passende Regentanz lädt zu einer Body-Perkussion ein.

Zunächst wird das Lied zum Mitsingen und Spielen vorgestellt. Die Kinder können sich selbst in den Strophen überlegen, welcher Körperteil als nächster „nass“ wird.

Das Lied bietet dafür bereits einige Vorschläge.

1. Regen, Regen, Regen, es regnet immerzu.
   Regen ohne Unterlass – und ich bin pitschnass.
2. Regen, Regen, Regen, es regnet mir auf den Kopf.
   Regen ohne Unterlass und mein Kopf, der ist pitschnass.
3. Regen, Regen, Regen, es regnet mir auf den Fuß.
   Regen ohne Unterlass und mein Fuß, der ist pitschnass.

Zeichnung von Lara Feiertag

5

Kreistanz

Mit der Musik kann folgende Choreografie entstehen.
Die Kinder stehen im Kreis ohne oder mit Handfassung.

TEILE	TAKTE	SPIELIDEE ZUR MUSIK
A-Teil	8 Takte	*In Tanzrichtung gehen*
B-Teil	4 Takte	*In die Mitte und zurück gehen*
C-Teil	4 Takte	*Stehen bleiben und den Niesel darstellen – die Fingerkuppen aneinanderreiben*
A-Teil	8 Takte	*In Tanzrichtung gehen*
B-Teil	4 Takte	*In die Mitte und zurück*
C-Teil	4 Takte	*Stehen bleiben und starken Regen darstellen – auf die Oberschenkel klatschen*
A-Teil	8 Takte	*In Tanzrichtung gehen*
B-Teil	4 Takte	*In die Mitte und zurück*
C-Teil	4 Takte	*Stehen bleiben und Donner darstellen – mit den Füßen stampfen*
A-Teil	8 Takte	*In Tanzrichtung gehen*
B-Teil	4 Takte	*In die Mitte und zurück*
Outro	4 Takte	*Ausklang – auf der Stelle drehen*

Tanz mit Instrumentalspiel ab 3 Jahre

Mindestens drei Kinder haben die Instrumente Rasseln, Trommeln, Regenmacher. Sie sitzen in der Mitte des Kreises. Die anderen tanzen im Kreis.

Die Kinder spielen im C-Teil ihr „Wetter“. Danach sucht sich der Spieler ein anderes Kind aus, übergibt das Instrument und wird zum Tänzer. Das Spiel beginnt von vorne.

TEILE	TAKTE	TANZSPIELIDEE
A-Teil	8 Takte	*In Tanzrichtung gehen*
B-Teil	4 Takte	*In die Mitte und zurück*

TEILE	TAKTE	TANZSPIELIDEE
C-Teil	4 Takte	*Nieseln darstellen – Das Rasselkind spielt.*
A-Teil	8 Takte	*In Tanzrichtung gehen*
B-Teil	4 Takte	*In die Mitte und zurück*
C-Teil	4 Takte	*Donner darstellen – Das Trommelkind spielt.*
A-Teil	8 Takte	*In Tanzrichtung gehen*
B-Teil	4 Takte	*In die Mitte und zurück*
C-Teil	4 Takte	*Regen darstellen – Das Regenmacherkind spielt.*
Outro	4 Takte	*Ausklang – Arme hoch und runter*

Tanz mit Instrumentalspiel ab 4 Jahre

Die Kinder haben alle Instrumente in der Hand. Es gibt ungefähr gleich viele Kinder mit Rasseln, Klanghölzern und Trommeln.

TEILE	TAKTE	TANZSPIELIDEE
A-Teil	8 Takte	*In Tanzrichtung gehen, alle Instrumente spielen dabei.*
B-Teil	4 Takte	*In die Mitte und zurück, alle Instrumente spielen dabei.*
C-Teil	4 Takte	*Nieseln darstellen – Die Rasselkinder spielen.*
A-Teil	8 Takte	*In Tanzrichtung gehen, alle Instrumente spielen dabei.*
B-Teil	4 Takte	*In die Mitte und zurück, alle Instrumente spielen dabei.*
C-Teil	4 Takte	*Starken Regen darstellen – Die Klanghölzerkinder spielen.*
A-Teil	8 Takte	*In Tanzrichtung gehen, alle Instrumente spielen dabei.*

TEILE	TAKTE	TANZSPIELIDEE
B-Teil	4 Takte	*In die Mitte und zurück, alle Instrumente spielen dabei.*
C-Teil	4 Takte	*Donner darstellen – Die Trommelkinder spielen.*
A-Teil	8 Takte	*In Tanzrichtung gehen, alle Instrumente spielen dabei.*
B-Teil	4 Takte	*In die Mitte und zurück, alle Instrumente spielen bis zum Schluss.*

5.3 Verreisen

Musik: Klaus Getrost; Text: Jeannette Getrost

Text:

Refrain:
Ich fahre, ich fahre, ich fahre mit dem Zug,
schon lange, schon lange, bald habe ich genug.
Ich sehe nach draußen zum Fenster hinaus,
das Fahren, das Fahren, ist mir bald ein Graus.

1. Doch da? Was seh' ich da?
   Ich sehe Kühe!
   Und 1, 2, 3 – schon sind sie vorbei. Refrain: Ich fahre ...

2. Doch da? Was seh' ich da?
   Ich sehe Pferde!
   Und 1, 2, 3 – schon sind sie vorbei. Refrain: Ich fahre ...

3. Doch da? Was seh' ich da?
   Ich sehe Autos!
   Und 1, 2, 3 – schon sind sie vorbei. Refrain: Ich fahre ...

4. Doch da? Was seh ich da?
   Ich seh' den Bahnhof, hurra!
   Und 1, 2, 3 – und schon bin ich da. Refrain: Ich fahre ...

Bewegungsidee

Die Kinder können alleine oder gemeinsam als Zug im Raum fahren. In den Strophen verwandeln sich alle oder nur einige in die vorbeiziehenden Tiere oder Gegenstände. Möglich sind auch Stationen der besungenen Tiere oder Gegenstände, an denen die Bahnkinder vorbeifahren

Spielidee zur Liedbegleitung

Das Lied wird gemeinsam gesungen (evtl. mit Rasseln oder Klanghölzern begleitet) und die Lehrkraft lässt hinter ihrem Rücken das Spielzeugpferd, ein Auto und eine Kuh hervorkommen, „vorbeifahren“ und vor den staunenden Kinderaugen wieder hinter dem Rücken verschwinden.

Die Kinder können an verschiedenen Raumstellen selbst das Tier darstellen, an dem der Zug vorbeifährt.

5.4 Feuertanz

Arrangement: Klaus Getrost

Angeregt durch die Tanzfreudigkeit von Kindern, entstand ein wilder Tanz mit roten Tüchern oder selbst hergestellten Kreppbändern, auf Stöcken befestigt. In verschiedenen Rottönen wirken sie besonders schön.

Einfache Bewegungsidee mit Kreppbändern

Die Kinder stehen in einem lockeren Kreis.

TEILE	TAKTE	BEWEGUNGSIDEE MIT KREPPBÄNDERN
A-Teil	8 Takte	*Das Feuer wird musikalisch angezündet. Die Kinder können mit zischenden Geräuschen ihre Kreppbänder leicht schwingen.*
B-Teil	16 Takte	*Sie gehen langsam um das Feuer herum. Kleine, stärkere Bewegungen der Bänder begleiten „das kleine Feuer".*
C-Teil	8 Takte	*Die Kinder tanzen wild mit den Feuerstäben im Raum.*
A-Teil	8 Takte	*Die Kinder treffen sich nochmals im Kreis. Das Feuer wird musikalisch noch einmal angezündet. Die Kinder können wieder mit zischenden Geräuschen ihre Kreppbänder leicht schwingen.*
B-Teil	8 Takte	*Sie gehen langsam um das Feuer herum. Kleine, stärkere Bewegungen der Bänder begleiten „das kleine Feuer".*
C-Teil	8 Takte	*Die Kinder tanzen wild mit den Feuerstäben im Raum.*
D-Teil	Ende	*Das Feuer wird symbolisch ausgepustet. Kinder pusten ihre Stäbe leicht an.*

Alternativ kann auch mit roten, gelben und orangenen Tüchern getanzt werden.

Kreistanzidee

Kinder stehen im Kreis zunächst ohne Handfassung.

TEILE	TAKTE	KREISTANZIDEE
A-Teil	8 Takte	*Das Feuer wird musikalisch angezündet. Die Kinder können zischen und ihre Hände aneinanderreiben.*
B-Teil	16 Takte	*Mit Handfassung gehen sie langsam mit Seitanstellschritt im Kreis.*
C-Teil	8 Takte	*Weiterhin mit Handfassung schnell im Kreis seitlich laufen*
A-Teil	8 Takte	*Wiederholung vom 1. A-Teil*
B-Teil	8 Takte	*Wiederholung vom 1. B-Teil*
C-Teil	8 Takte	*Wiederholung vom 1. C-Teil*
D-Teil	Outro	*Das Feuer wird symbolisch ausgepustet.*

Paartanz

Immer zwei Kinder stehen voreinander.

TEILE	TAKTE	KREISTANZIDEE
A-Teil	8 Takte	*Das Feuer wird musikalisch angezündet. Die Kinder können mit zischenden Geräuschen ihre Hände aneinanderreiben.*
B-Teil	16 Takte	*Mit Handfassung gehen sie langsam im Kreis.*
C-Teil	8 Takte	*Mit Handfassung tanzen sie miteinander.*
A-Teil	8 Takte	*Wiederholung 1. A-Teil*
B-Teil	8 Takte	*Wiederholung 1. B-Teil*
C-Teil	8 Takte	*Wiederholung 1. C-Teil*
D-Teil	Ende	*Das Feuer wird von beiden Kindern symbolisch ausgepustet.*

5.5 Trommeltanz

Arrangement: Klaus Getrost

Diese Bewegungsidee lädt mit ihren verschiedenen Trommelsounds zum wilden Tanzen ein. Es kann frei im Raum oder im Kreis getanzt werden.

Bewegungsidee ab 1 Jahr

Die freie Bewegung wechselt sich mit Gehen und Rennen ab. Für kleine Abwechslungen sorgen weitere Bewegungsformen wie klatschen, stampfen und drehen.

TEILE	TAKTE	BEWEGUNGSSPIELIDEE
Intro	4 Takte	*Gehen im Raum*
A-Teil	8 Takte	*Gehen im Raum*
B-Teil	8 Takte	*Rennen im Raum*
A-Teil	8 Takte	*Hüpfen am Platz – weitergehen*
C-Teil	4 Takte	*Klatschen am Platz*
A-Teil	8 Takte	*Gehen im Raum*
A-Teil	8 Takte	*Rennen im Raum*
A-Teil	8 Takte	*Gehen im Raum*
B-Teil	4 Takte	*Klatschen am Platz*
	4 Takte	*Stampfen am Platz*
Outro	4 Takte	*Drehen am Platz*

Kreistanz ab 3 Jahre

Zunächst bewegen sich die Kinder im Raum, treffen sich dann zu einem Kreis.

TEILE	TAKTE	TANZIDEE
Intro	4 Takte	*Bereit machen –im Raum gehen*
A-Teil	8 Takte	*Gehen im Raum*
B-Teil	8 Takte	*Rennen im Raum*
A-Teil	8 Takte	*Hüpfen am Platz*
C-Teil	4 Takte	*Sich zum Kreis treffen*
A-Teil	8 Takte	*Rechts herum im Kreis gehen*
A-Teil	8 Takte	*Links herum im Kreis gehen*
A-Teil	4 Takte	*In die Mitte gehen und wieder zurück*
B-Teil	4 Takte	*In die Mitte gehen und wieder zurück*
Outro	4 Takte	*Drehen am Platz*

5.6 Tüchertanz

Arrangement: Klaus Getrost

Bunte Tücher sind für Kinder faszinierend. Sie lieben es, sie zu schwingen, aber auch, sich mit ihnen zu verkleiden. Für eine besondere musikalische Herausforderung entstand dieser Tanz mit einem Wechsel zwischen Dreiviertel- und Zweiviertel-Takt.

Einfache Bewegungsidee mit oder ohne Tücher

TEILE	TAKTE	RHYTHMEN	BEWEGUNGSIDEEN
A-Teil	16 Takte	3/4-Takt	*Langsame Bewegungen, eher am Platz – schwingen*
B-Teil	8 Takte	2/4-Takt	*Schnelle Bewegungen, eher im Raum*
A-Teil	16 Takte	3/4-Takt	*Langsame Bewegungen, eher am Platz – schwingen*
B-Teil	8 Takte	2/4-Takt	*Schnelle Bewegungen, eher im Raum*
A-Teil	16 Takte	3/4-Takt	*Langsame Bewegungen, eher am Platz – schwingen*
B-Teil	8 Takte	2/4-Takt	*Schnelle Bewegungen, eher im Raum*
C-Teil	8 Takte	2/4-Takt	*Von langsam zu schnell*

5.7 Elfen und Roboter

Arrangement: Klaus Getrost

Bewegungsspiel ab 3 Jahre

TEILE	TAKTE	BEWEGUNGSSPIELIDEE
Intro	8 Takte	*Die Kinder stehen still.*
A-Teil	4 Takte	*Roboter laufen staksig und langsam durch den Raum.*
B-Teil	8x 3/4-Takte	*Elfen fliegen leicht durch den Raum.*
A-Teil	4 Takte	*Roboter laufen staksig und langsam durch den Raum.*
B-Teil	8x 3/4-Takte	*Elfen fliegen leicht durch den Raum.*

TEILE	TAKTE	BEWEGUNGSSPIELIDEE
A-Teil	4 Takte	*Roboter laufen staksig und langsam durch den Raum.*
B-Teil	8x 3/4-Takte	*Elfen fliegen leicht durch den Raum.*
A-Teil	4 Takte	*Roboter laufen staksig und langsam durch den Raum.*
B-Teil	8x 3/4-Takte	*Elfen fliegen leicht durch den Raum.*
A-Teil	8 Takte und Schluss	*Roboter und Elfen (alle Kinder) setzen sich.*

In der Erweiterung tanzen die Elfenkinder mit bunten Tüchern. Wenn die Roboter getanzt haben, stehen sie still und die Elfen können leicht schwebend um sie herumtanzen.

Bewegungsspiel mit Material

TEILE	TAKTE	BEWEGUNGSSPIELIDEE
Intro	8 Takte	*Die Kinder stehen still.*
A-Teil	4 Takte	*Roboter ohne Material*
B-Teil	8x 3/4-Takt	*Elfen mit Tüchern*
A-Teil	4 Takte	*Roboter ohne Material*
B-Teil	8x 3/4-Takt	*Elfen mit Tüchern*
A-Teil	4 Takte	*Roboter mit Rasseln*
B-Teil	8x 3/4-Takt	*Elfen mit Tüchern*
A-Teil	4 Takte	*Roboter ohne Material*
B-Teil	8x 3/4-Takt	*Elfen mit Tüchern*
A-Teil	6 Takte und Schluss	*Roboter ohne Material*

Sitztanz mit Instrumenten

TEILE	TAKTE	INSTRUMENTALSPIELIDEE
Intro	8 Takte	*Die Kinder stehen still.*
A-Teil	4 Takte	*Roboter mit Rasseln*
B-Teil	8x 3/4-Takt	*Elfen mit Zimbeln*
A-Teil	4 Takte	*Roboter mit Rasseln*
B-Teil	8x 3/4-Takt	*Elfen mit Zimbeln*
A-Teil	4 Takte	*Roboter mit Rasseln*
B-Teil	8x 3/4-Takt	*Elfen mit Zimbeln*
A-Teil	4 Takte	*Roboter mit Rasseln*
B-Teil	8x 3/4-Takt	*Elfen mit Zimbeln*
A-Teil	6 Takte und Schluss	*Roboter mit Rasseln*

Die praktische Umsetzung

Sie haben im vorherigen Teil den Musikkoffer intensiv kennengelernt und vielleicht sogar das ein oder andere schon ausprobiert.
In diesem letzten Teil möchte ich mich noch mit der praktischen Umsetzung beschäftigen und Ihnen aus meiner Praxis Tipps und Tricks an die Hand geben, die Sie in Ihrem Arbeitsprozess unterstützen.
Dafür gibt es zunächst Antworten auf grundlegende Fragen, die mir in meiner Arbeit begegnet sind.
Im Anschluss habe ich Stundenbilder mit Beispielen aus diesem Buch für drei verschiedene Altersgruppen zusammengestellt.

6 Praktische und allgemeine Hinweise

Zunächst stelle ich Ihnen meine Grundsätze in der musikalischen Arbeit mit Kindern vor. Diese lassen sich auf weitere künstlerische Bildungsbereiche übertragen wie zum Beispiel das Theaterspiel und das bildnerische Gestalten.

1. Erlebnis statt Ergebnis

Man kann es nicht oft genug betonen, dass es bei der Musikpraxis nicht darauf ankommt, Lieder oder Verse auswendig zu kennen. Vielmehr sollte das Erlebnis im Vordergrund stehen. Durch ausreichende Impulse eignen sich die Kinder die Musik nach ihren eigenen Vorlieben an.

2. Der Flow

Der Flow ist ein wunderbares Wort für einen Zustand, der vornehmlich in kreativen Prozessen eine wichtige Rolle spielt. Insbesondere Kinder, aber auch Erwachsene geraten innerhalb einer Sequenz ihres Tuns in einen rauschähnlichen, selbstvergessenen Schaffensprozess. Der Begriff „Flow" wurde von dem ungarischen Professor für Psychologie, Mihály Csíkszentmihály, geprägt. Übersetzt heißt der Flow: das Fließen, Rinnen, Strömen.

Wie viel Zeit es braucht, um in den Prozess einzutauchen, hängt davon ab, wie viel sich derjenige bereits mit diesem Thema beschäftigt hat. Es kann also sehr schnell gehen oder auch einige Zeit brauchen. Voraussetzung ist aber in jedem Fall, selbstständig und intrinsisch motiviert explorieren zu dürfen. Diesen Flow-Effekt kann man bei Kindern besonders im Spiel gut beobachten.

Im musikalischen Bereich ist es wichtig, Impulse zu geben und die Kinder ausreichend mit dem Material, dem Lied, der Bewegung, dem Tanz eigene Erfahrungen machen zu lassen. Sie sollten immer wieder explorieren und sich ausprobieren können.

Tatsächlich ist der Flow ein Zustand zwischen Unter- und Überforderung. Wir kennen also in dieser Situation einiges, was uns vertraut und bekannt ist. Aber auch etwas, was uns herausfordert, uns neu und unbekannt ist, an dem wir uns möglicherweise reiben und dadurch weiterentwickeln können.

Und diese „Nüsse knacken" wir am liebsten ganz alleine! Erst dieser Prozess fördert die Selbstwirksamkeit durch Erfolgserlebnisse.

3. Pädagogische Haltung

Für eine musikalische Einheit brauchen wir als pädagogische Fachkräfte eine zustimmende Haltung zu dem, was wir tun. Mögen wir es, zu singen, uns zu bewegen und ins Spiel zu kommen?

Wir begeben uns mit den Kindern gemeinsam auf eine Reise. Im Koffer sind viele Ideen, die auf die Reise mitgenommen werden können. Die Details sind noch ungewiss. An manchen Stellen möchten die Kinder vielleicht länger verweilen, andere Ideen sind von weniger Wiederholungen geprägt und gehen dadurch schnell vorbei. Und natürlich haben die Kinder eigene Ideen, die ihnen spontan in den Sinn kommen. Es wäre schade, diese Ideen nicht aufzugreifen, denn sie werden die Reise in jedem Fall bereichern.

In allen diesen Unsicherheiten stecken die eigentlichen Schätze! Nehmen Sie sie auch für sich als wertvolle Ideen auf und fügen sie dem Koffer hinzu. Meine besten Spielideen sind durch die Arbeit mit den Kindern entstanden.

4. Das kontrollierte Chaos

Ich kann nicht behaupten, dass ich es nicht als zufriedenstellend empfinde, wenn die Kinder während meiner Stunde an allen Aktionen aktiv beteiligt waren. Es ist eine persönliche Bestätigung, wenn die Kinder „alles mitgemacht“ haben.

Für uns mag diese Form des Unterrichts angenehm sein. Unsere Vorbereitungen sind aufgegangen, es gab keine Reibungspunkte und wir gehen mit einem guten Gefühl aus der Stunde. Die Kinder haben mich sozusagen zufriedengestellt.

Tatsache ist, dass die Kinder eben nur meinen Vorstellungen von der Stunde entsprochen haben. In anderen, eher chaotischeren Einheiten mit Diskussionen, ob ich nicht lieber dies oder das so oder so machen kann, haben die Kinder eine größere Beteiligung am Geschehen. Meine Vorbereitungen werden infrage gestellt, auf den Prüfstein gelegt, gekippt, wiederaufgebaut, umgestaltet. Alles ist im Fluss, in Bewegung.

Eine geschätzte Kollegin sagte einmal, dass wir das „Chaos kontrollieren“.

Mittlerweile liebe ich das Chaos. Und ich erfreue mich daran, die Kinder bei ihren Aktionen zu beobachten. Es gibt mir die Sicherheit, dass die Kinder sich ausdrücken und ihre Ideen und Wünsche mit einbringen. Mit neuen Impulsen kann ich ihnen an verschiedenen Stellen Hilfestellung geben und ihr Ausdrucksvermögen stärken.

5. Wertschätzung statt Loben

Auch wenn wir dazu neigen, zu loben, so ist dieses in der kreativen Arbeit eher störend. Wir können wertschätzende Äußerungen machen wie: „Es war eine wunderschöne Stunde mit euch, es hat mir viel Spaß gemacht.“ Oder „Deine Stimme klingt heute sehr kräftig.“ Oder „Die Idee von Kira ist interessant, lass sie uns gleich ausprobieren.“

Was zählt, ist der Prozess. Jedes Kind in seinem Tempo und mit seinen Fähigkeiten.

6. Herausforderungen

Auch wenn die Kinder ihre Vorlieben mit der Zeit gut kennen, heißt das nicht, dass sie sich nicht persönlichen Herausforderungen stellen möchten. Wir erinnern uns: Die Entstehung des Flow-Zustandes braucht auch eine Überforderung.

An dieser Stelle sind wir gefragt, unsere musikalischen Einheiten so reizvoll zu gestalten, dass Lust an einer Herausforderung entsteht. Dies ist besonders einfach zu erreichen, wenn Materialien eingesetzt werden.

Aus der Praxis

Ich brachte in einer Unterrichtsstunde kleine Aufziehspielzeuge mit. Die Kinder saßen im Kreis und ich ließ die Spielzeuge tanzen. Ein besonderer Hingucker war ein Frosch, der Purzelbäume schlug. Eine der beiden anwesenden Erzieherinnen lächelte und sagte: „Wie so etwas Einfaches so viel Freude macht.“ Alle Kinder und Erwachsenen schauten dem Spiel vergnügt zu.

Im Anschluss waren wir mit einer passenden Musik selber ein Spielzeug und zogen uns gegenseitig auf. Wenn wir „keine Batterie“ mehr hatten, mussten wir wieder aufgezogen werden.

Wie das Beispiel zeigt, ist es wichtig, die Musik ganzheitlich zu betrachten und sinnliche Erfahrungen einfließen zu lassen. Ich glaube, dass Materialien den Forscherdrang wecken. Ein Beispiel in diesem Buch ist der Feuertanz, den ich mit rot-orange-gelbem Krepppapier-stöcken begleite. Diese Stöcke sehen nicht nur schön aus, sondern ähneln dem Geräusch von loderndem Feuer. Natürlich kann man sie auch mit den Kindern herstellen, was den Spaß noch erhöht.

Es gilt, verschiedene Sinne anzuregen und diese Ideen dann mit musikalischen Elementen zu verknüpfen. Der Spieltrieb und der Forscherdrang des Kindes werden geweckt, die größten Motivatoren.

7. Jedes Kind ist anders

Insgesamt kann mit allen Kindern alles ausprobiert werden, es sollte in erster Linie kind- und nicht alterspezifisch gearbeitet werden und bei der musikalische Gestaltung sollte immer das Bedürfnis der Kinder im Vordergrund stehen. Trotzdem ist es wichtig, die Entwicklung der Kinder im Blick zu haben.

Dazu hier einige Hinweise:

Ich werde oft gefragt, wie man mit den Kleinsten Musik macht. Sie singen ja noch nicht. Wie kann ich da ansetzen? Singe ich dann alleine?

Ja, ich singe zunächst alleine. Aber auf ihre Weise sind die Kinder sehr stark beteiligt und hören, sehen, fühlen die Musik.

Ich vergleiche die verschiedenen Ansätze gerne mit Wellen. Die kleinen Kinder brauchen viele kleine Wellen, in denen abwechslungsreiche, kurze musikalische Sequenzen eingebaut werden. Die Aufmerksamkeitsspanne ist noch gering und so ist eine Sequenz 3–5 Minuten maximal.

Für die älteren Kinder von ca. drei Jahre kann ein zentrales Thema im Vordergrund sein. Die Themen sollten die Lebenswelt des Kindes berücksichtigen. Beispiele dafür sind Tiere, das Wetter und die Jahreszeiten.

Bewegung und freie Gestaltung sollten aber immer noch einen großen Platz einnehmen.

Ab vier Jahre ist das Kind bereits mit vielen Themen vertraut. Die Geschichten und die Rollenspiele können musikalisch ausgebaut werden. Unterschiedliche Instrumente können zum Verklanglichen genutzt werden. Die Aufmerksamkeitsspanne ist insbesondere durch die Möglichkeiten, in verschiedene Rollen zu schlüpfen, und durch das Spiel mit Materialien sehr hoch. Die Kinder können länger explorieren und eigene Ideen entwickeln, da sie ihr Handwerkszeug und musikalische Techniken ausgebaut haben.

In altersgemischten Gruppen lege ich regelmäßig einen ordentlichen Spagat aufs Parkett. Alle Bedürfnisse zu bedienen, ist nicht so leicht.

Aber es ist wunderbar zu erleben, wie die Kinder sich gegenseitig unterstützen. Alle profitieren voneinander. Die Jüngeren imitieren mit Freude die älteren Kinder, während diese auf die Kleinsten achtgeben.

Ich liebe es, wenn alle im Raum kreuz und quer durcheinanderlaufen, und stelle fest, wie das bunte Treiben den rücksichtsvollen Umgang miteinander von ganz alleine fördert. Jeder nimmt sich seinen Platz und sorgt gleichzeitig für den Platz des anderen.

Insgesamt kann ich das Programm gut mischen und jeder findet sich gut zurecht. Jedes Kind findet seine persönliche Herausforderung.

Das Wunderbare an der Arbeit in altersgemischten Gruppen von 1–6 Jahren ist es, dass es weniger Konkurrenzdenken gibt und ein stärkeres Miteinander die Stunden bestimmt.

6.1 Die Stundenbeispiele

Sehen Sie die folgenden Beispiele als Anregung für eine praxisbewährte Struktur. Natürlich können Sie sie mit eigenem Lied- und Bewegungsmaterial bestücken.
Das Katzenthema wird sich durch die Beispiele ziehen, um damit die Unterschiede zu verdeutlichen.

6.1.1 Für die Kleinsten 1–3 Jahre

Dauer: 15–20 Minuten
Jede Aktion sollte ca. zwei bis max. vier Minuten dauern. Wichtig ist ein guter Wechsel zwischen An- und Entspannung. Das bedeutet, dass nach einer bewegten Phase eine ruhige Sequenz folgen darf.

WAS?	WIE?	WAS BRAUCHE ICH?	BEGRÜNDUNG UND HINTERGRUND
Lied: Guten Morgen, liebe Sonne	Gesten und jeder wird begrüßt.		Die Kinder brauchen eine ritualisierte Begrüßung für jeden Einzelnen. Sie schafft Verbundenheit mit der Gruppe und einen klaren Rahmen. Ihre Freude darüber, sich eine eigene Bewegung für sich auszudenken, ist jedes Mal gut erkennbar.
Vers Katzenwortspiel	Mit Gesten		Ein Vers bietet sich für die jüngeren sehr gut an. Der Fokus liegt hier auf den Bewegungen.
Lied Unsre Katz heißt Mohrle.	Lied mit Gesten singen Lied mit Instrumenten begleiten	Rasseln	Übergangslos kann nun das Lied mit Gesten gesungen werden. Anschließend werden die Rasseln in die Mitte gestellt. Die Kinder nehmen sich je zwei und explorieren zunächst mit dem Instrument, danach wird die Spielidee aufgegriffen.

WAS?	WIE?	WAS BRAUCHE ICH?	BEGRÜNDUNG UND HINTERGRUND
Bewegung Trommeltanz	Bewegung im Raum	Musikanlage	Nach dem Sitzteil brauchen die Kinder Bewegung. Der Tanz bietet eine freie Gestaltung mit einer abwechslungsreichen Choreografie.
Bewegung Klanggeschichte: Katzen	Bewegung im Raum Das Spiel kann ruhig zweimal wiederholt werden!	Musikanlage	Die Geschichte verbindet Bewegung mit einem Rollenspiel. Für diese Altersgruppe steht die Bewegung aber noch im Fokus.
Lied Schlaflied nach Wahl, zum Beispiel: Der Mond ist aufgegangen.	Alle liegen oder sitzen zusammen und das Lied wird von der pädagogischen Fachkraft gesungen		Nach der bewegten Phase ist eine Ruhesequenz sehr geeignet. Die „Kätzchen“ ruhen sich aus und ihnen wird ein Schlaflied gesungen.
Instrumentalspiel zum Lied Unsre Katz heißt Mohrle.	Im Grundschlag spielt jedes Kind eine Strophe.	Klangbausteine d' und a'	Die Kinder sind noch im Ruhemodus und ein Solospiel kann gut eingebaut werden. Je nach Gruppengröße sollten zwei Sätze der beiden Klangbausteine vorhanden sein. Ansonsten spielen immer zwei Kinder.
Bewegung Die Affen rasen durch den Wald.	Bewegungsform für die Kleinsten	Musikanlage	Die Kinder freuen sich nach den ruhigeren Teilen über Bewegung. Dieser Tanz bietet einen flotten Ausklang.

6.1.2 Für den Elementarbereich – 3–6 Jahre

Dauer: 20–40 Minuten
Für die älteren Kinder kann die Einheit länger sein und die Aktionen können 5–10 Minuten dauern. Die Kinder mögen themenbezogene Einheiten und lieben es, wenn sie selbst entscheiden können, was sie wiederholen möchten.

WAS?	WIE?	WAS BRAUCHE ICH?	BEGRÜNDUNG UND HINTERGRUND
Guten Morgen, liebe Sonne	Gesten und jeder wird begrüßt.		
Pädagogisches Gespräch	Durch Fragen mit den Kindern ins Gespräch kommen Kennt ihr Katzen? Habt ihr eine Katze zu Hause? Welche Geräusche machen Katzen? Was essen Katzen? Wo leben sie?	Optional: Bilder von Katzen Hörbeispiele von Katzen	Die Kinder können hier von ihren Erfahrungen und Kenntnissen berichten. Sie können sich gegenseitig austauschen und bereichern.
Vers: Katzenwortspiel	Mit Gesten und mit verschiedenen Instrumenten		Der Vers wird zunächst mit Gesten vorgestellt. Die Kinder können sich dann die Instrumente, die bereits bereitgelegt wurden, aussuchen und spielen.
Bewegung Klanggeschichte: Katzen	Bewegung im Raum Das Spiel kann mindestens zweimal wiederholt werden!	Musikanlage	Nach dieser Geschichte sind die Kinder in ihrer Rolle. Sie werden zu Katzen. Es ist herrlich zu beobachten, mit welcher Intensität sie sich in die Rolle hineinversetzen.
Instrumentalspiel zum Lied Unsre Katz heißt Mohrle.	Im Grundschlag spielt jedes Kind eine Strophe.	Klangbausteine d' und a' oder verschiedene Instrumente für die Strophen	Das Lied von Mohrle wird nun vorgestellt und reihum mit einem Solospiel oder gruppenweise begleitet.
Tanz Unsre Katz heißt Mohrle.	Tanzgestaltung mit Musik als Kreistanz	Musikanlage	Die Kinder kennen nun das Lied gut und ergänzen es noch mit dem gesungenen Tanzlied auf der CD. Ein krönender Katzentanzabschluss!

6.1.3 Für die Altersmischung – 1–6 Jahre

In der altershomogenen Gruppe mische ich diese beiden vorherigen Stundenbeispiele, um beiden Altersgruppen gerecht zu werden. Da alle Kinder gleichermaßen Bewegung lieben, ist sie mein Dreh- und Angelpunkt in der Stundengestaltung.

WAS?	WIE?	WAS BRAUCHE ICH?	BEGRÜNDUNG UND HINTERGRUND
Guten Morgen, liebe Sonne	Gesten und jeder wird begrüßt.		
Pädagogisches Gespräch	Durch Fragen mit den Kindern ins Gespräch kommen Kennt ihr Katzen? Habt ihr eine Katze zu Hause? Welche Geräusche machen Katzen? Was essen Katzen? Wo leben sie?	Optional: Bilder von Katzen Hörbeispiele von Katzen	Die Kinder können hier von ihren Erfahrungen und Kenntnissen berichten. Sie können sich gegenseitig austauschen und bereichern. Die Kinder können hier von ihren Erfahrungen und Kenntnissen berichten. Sie können sich gegenseitig austauschen und bereichern. Ich kürze diese Phase etwas ab, da hier hauptsächlich die älteren Kinder sprechen. Die Geräusche der Katzen und ihr Handeln werden deutlicher dargestellt, da die jüngeren Kinder noch stärker im Hier und Jetzt sind. Die älteren Kinder erzählen bereits sehr gerne von ihren Erlebnissen.

WAS?	WIE?	WAS BRAUCHE ICH?	BEGRÜNDUNG UND HINTERGRUND
Lied Unsre Katz heißt Mohrle.	Lied mit Gesten singen Lied mit verschiedenen Instrumenten begleiten	Rasseln, Hölzer, Glöckchen	Übergangslos kann nun das Lied mit Gesten gesungen werden. Anschließend werden für die drei Strophen verschiedene Instrumente in die Mitte gestellt. Die Kinder suchen sich ein Instrument aus. Die Kinder kommen hier schnell ins Spiel. Die älteren Kinder sind durch die verschiedenen Spieleinsätze herausgefordert, die jüngeren nicht überfordert.
Bewegung Unsre Katz heißt Mohrle.	Tanzgestaltung mit CD	Musikanlage	Jetzt gibt es „kein Halten mehr“, die Kinder freuen sich über die Abwechslung. Nachdem die Instrumente wieder zugeordnet und verstaut sind, bewegen sich die Kinder kreuz und quer im Raum. Die kleine Choreografie bringt Struktur in die Bewegungen und regt zu eigenen Ideen an.
Bewegung Tüchertanz	Tanzgestaltung mit CD	Tücher	Die Bewegungsfreude wird weiter aufgegriffen und Material hinzugefügt. Die Musik mit einer freien Tüchergestaltung regt ihre Fantasie an und wird durch die Herausforderung der zwei Rhythmen musikalisch besonders wertvoll.

WAS?	WIE?	WAS BRAUCHE ICH?	BEGRÜNDUNG UND HINTERGRUND
Solospiel Mohrle wird gerufen	Es ist sehr kalt draußen oder windig ... Mohrle streift umher und wird mit der Kuckucksterz gerufen.	Klangbausteine Fis' a'	Es geht reihum. Die Kinder spielen, singen und rufen die Katze Mohrle in der Rufterz. Zuerst wird das a' dann das fis' gespielt. Ohne die Klangbausteine können die Kinder Mohrle auf verschiedenene Weise rufen. Ergänzend rufen sie sich gegenseitig. Die Intonation wird hier geübt. In Verbindung mit dem Klangbausteinspiel ist es für die älteren Kinder eine schöne Herausforderung und für die jüngeren ebenfalls ein großes Vergnügen, mit den Instrumenten alleine spielen zu können. Die Kinder verknüpfen das Singen und das Instrumentalspiel erst ab ca. 3 Jahre. Aber ich bin schon von 2-jährigen Kindern überrascht worden, die freudig diese beiden komplexen Disziplinen verknüpft haben.

WAS?	WIE?	WAS BRAUCHE ICH?	BEGRÜNDUNG UND HINTERGRUND
Tanz Die Affen rasen durch den Wald.	Tanz mit CD Im Refrain suchen sich die Kinder schnell einen oder mehrere Kinder, um gemeinsam mit ihnen im Kreis zu tanzen.	Musikanlage	Zum Abschluss biete ich immer noch einen Tanz an. Die Affen rasen ... bietet einen flotten Ausklang. Meine Beobachtung ist häufig, dass die älteren Kinder ein jüngeres Kind zum gemeinsamen Tanzen auffordern. Aber die jüngeren tanzen manchmal auch gerne einfach alleine. Alles ist möglich!

Mit allen Altersgruppen treffe ich mich zum Schluss im Kreis und singe ein Abschlusslied, mit den Kleinsten eher ohne Handfassung, mit den Älteren und den altersgemischten Gruppen in der Regel mit Handfassung. Natürlich nur, wenn die Kinder mögen. Im Kreis stehen ist auch ohne Anfassen ein schöner Abschluss.

EIGENE NOTIZEN

7 Abschließende Worte und Ausblick

Es hat mir sehr viel Freude gemacht, die Praxisideen für Sie und Ihre Kinder zusammenzustellen und ich hoffe, es ist für jeden etwas dabei.

Öffnen Sie den Koffer und reisen sie in musikalische Welten mit Neugierde und Freude.

Für die praktische Umsetzung im Kita-Alltag möchte ich Ihnen zur Abrundung einige Ideen vorstellen:

Der Musikkoffer

Eine Idee stammt von einer Gruppe Studierender einer Ausbildung zur pädagogischen Fachkraft in einer Projektarbeit. Die Gruppe hatte vorab einen Koffer mit Materialien gefüllt. Als Teilnehmende fischten wir eine Ente und einen Hasen heraus und spielten dann gemeinsam „Alle meine Entchen" und „Häschen in der Grube". Das würde den Kindern sicher sehr gefallen! Erweiternd können die Kinder den Koffer ihren Wünschen entsprechend füllen und ihn nach Lust und Laune hervorholen und eine Musikstunde selbst gestalten.

Die kleine Schatztruhe

Auch kleine Accessoires, Bilder und Noten können auf ein Lied hindeuten. Der Fantasie sind keine Grenzen gesetzt. Diese können in einem Umschlag, in einer kleinen Kiste oder Schachtel gesammelt werden.

Der Karteikasten

Alternativ können Sie die Ideen auf Karteikarten kopieren und mit eigenen Erfahrungen ergänzen. In einer Kita-Krippen-Gruppe, in der ich für einige Monate musikalische Stunden gehalten habe, wurde in jeder Musikstunde ein Karteikasten mit Bildern der Lieder aus dem Regal auf den Musikteppich geholt. Die Bilder waren selbst von den Kindern gezeichnet worden und immer drei Kinder durften sich ein Bild/Lied aussuchen. Sie hatten mittlerweile alle ihre Favoriten und freuten sich über ihre eigene Gestaltung der Musikstunde.

Musik aus der Hosentasche[1]

Ein Student der Erzieherfachschule hatte die wunderbare Idee, mit Kindern ein Buch für die Hosentasche zu entwickeln. Bilder, Lieder und Spielideen werden im Kleinformat erstellt. Die Kinder können das Buch dann z. B. zu einem Ausflug in die Tasche stecken und wann immer Zeit ist, singen und spielen.

Ich stelle es mir wunderbar vor, wenn Kinder in der U-Bahn, auf der Straße und auf dem Spielplatz gemeinsam singen.

Wie auch immer Sie die Ideen aufgreifen – Hauptsache ist, dass das Singen, Tanzen, Bewegen und Musizieren einen festen Platz im Alltag einnehmen.

Ich würde mich sehr darüber freuen!

---

1 *Mit freundlicher Genehmigung von Ideengeber Steffen Max Beck*

Danksagung

Ein großer Dank gilt den Kindergruppen und allen Teilnehmenden der Seminare, die meine Arbeit bereichern, Ideen zünden lassen und mich immer wieder aufs Neue inspirieren.

Danke auch für die spontane Fotosession in einer unsicheren Zeit, die alle Treffen eingeschränkt hat. Ihr wart Inspiration und eine riesige Bereicherung für dieses Buch!

Für 15 Jahre Begleitung, Unterstützung und Beratung in allen Lebenslagen danke ich Dir, Manu. Und ich danke Dir für Deine Ideen, Deine Hilfe und unsere wöchentliche Cafézeit inmitten unserer stressigen Arbeitszeiten.

Nicht weniger danke ich all meinen wunderbaren Kolleginnen. In euren Tanz- und Musikstunden probiert ihr mit Freude meine Musik aus und seid mit vielen Ideen eine große Unterstützung.

Liebe Maria! Niemand hält mir für all meine Projekte so den Rücken frei und sorgt für einen reibungslosen Ablauf in meinem Bewegungsstudio. Ich kann nicht oft genug sagen, dass ich nicht weiß, wie ich das jemals ohne dich schaffen könnte.

Und meine liebe Katja! Was würde ich nur ohne Dich, Deine Inspiration und Anerkennung machen. Du schaffst es, mich anzutreiben, zu unterstützen und mir Mut zuzusprechen, wenn ich glaube, dass ich nicht weiterkomme. Stundenlange Telefonate und Gespräche sind wie Balsam und geben neue Energien. Lass uns niemals damit aufhören!

Meine Kinder Pauline und Nicolas! Wie haltet ihr mich nur aus, wenn ich zu viel arbeite, stundenlang über meine Arbeit rede und nicht zufrieden mit mir bin. Ich weiß, es ist nicht immer leicht! Danke für eure Geduld und eure ausdauernde Unterstützung!

Lieber Ehemann, bester Freund, tollster Musiker und wunderbarer Arrangeur: Es ist ein unglaubliches Glück, dass die Musik unsere gemeinsame Schnittstelle ist.

In Deinem Kopf entstehen Arrangements, die mir und auch meinen Kolleginnen und Kollegen in unserer Arbeit neuen Schwung geben. Mit Dir sind meine Geschichten zum Leben erweckt worden! Mit Deinen musikalischen kreativen Ideen entstehen aus Textideen Lieder. Danke für 21 Jahre voller Inspiration und Spaß an gemeinsamen neuen Kreationen!

Die Verfasser

Jeannette Getrost ist Erzieherin von Beruf und absolvierte nach langjähriger Tätigkeit den Diplomstudiengang Sozialpädagogik/ Sozialarbeit.

Gesangsunterricht, Sologesang sowie Chor- und Ensemblearbeit wurden ein wichtiger Teil ihrer Ausbildung.

Seit 2002 hat sie sich beruflich ihrer Leidenschaft zur Musik gewidmet und ein Studium für Musikpädagogik sowie diverse Weiterbildungen in den Bereichen Musik, Bewegung, Tanz, Kinder-Yoga und Babymassage absolviert. Seit Gründung 2003 leitet sie das Studio Balu in Wedding und gibt dort mit vielen Kolleginnen und Kollegen Kurse für Eltern-Kind-Gruppen.

Weiterhin arbeitet sie seit 2007 als Dozentin, hatte zehn Jahre einen Lehrauftrag an der evangelischen Hochschule EHB und hat seit 2019 eine Anstellung in der Erzieherfachschule Pro Inklusio. Seit 2018 ist sie außerdem Multiplikatorin für Kitas und Tagespflegepersonen.

Seit Jahren schreibt sie eigene Lieder und entwickelt mit ihrem Mann Klang- und Bewegungsgeschichten. Mittlerweile sind drei Bücher entstanden. Im ALS-Verlag ist das Praxisheft Musisches Spiel mit dem Thema Pinguine erschienen und im Winterwork Verlag Ideen zu tradionellen Liedern „Kommen Lieder geflogen“.

Klaus Getrost ist Dipl. Ingenieur und Musiker. Er spielt Keyboard, komponiert und produziert im Berliner Heimstudio Kinderlieder, Filmmusik und Musik für Theaterproduktionen.

Literaturverzeichnis

Merget, Gerald: Erziehen mit Musik in der sozialpädagogischen Ausbildung. 5. Auflage, Köln: Westermann Verlag, 2019.

Mohr, Andreas: Handbuch der Kinderstimmbildung. Mainz: Schottverlag, 1997.

Bildquellenverzeichnis

Fabiola Quadflieg, Köln: 7.1, 17.2, 25.1, 65.1, 117.1, 133.1, 147.1.

Fischer, Andreas, Ansbach: Titel.

Freitag, Lara, Berlin: 54.1, 54.2, 54.3, 54.4, 54.5, 119.1.

Getrost, Jeanette, Berlin: 8.1, 12.1, 13.1, 14.1, 14.2, 17.1, 19.1, 34.1, 34.2, 35.1, 45.1, 52.1, 55.1, 58.1, 61.1, 63.1, 67.1, 69.1, 74.1, 77.1, 79.1, 80.1, 84.1, 89.1, 94.1, 94.2, 94.3, 95.1, 123.1, 123.2, 124.1, 124.2, 124.3, 125.1, 125.2, 126.1, 128.1, 128.2.

iStockphoto.com, Calgary: Titel; joey333 81.1.

Shutterstock.com, New York: sumire8 Titel.

stock.adobe.com, Dublin: Kuzmin, Andrey 3.1, 4.1, 5.1, 6.1.

Wir arbeiten sehr sorgfältig daran, für alle verwendeten Abbildungen die Rechteinhaberinnen und Rechteinhaber zu ermitteln. Sollte uns dies im Einzelfall nicht vollständig gelungen sein, werden berechtigte Ansprüche selbstverständlich im Rahmen der üblichen Vereinbarungen abgegolten.